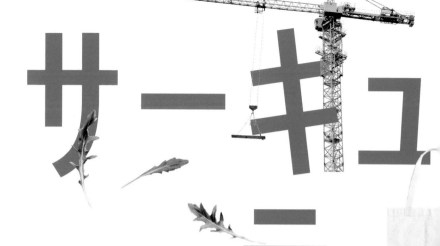

サーキュラーエコノミー

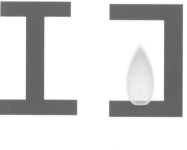

―― 循環経済がビジネスを変える

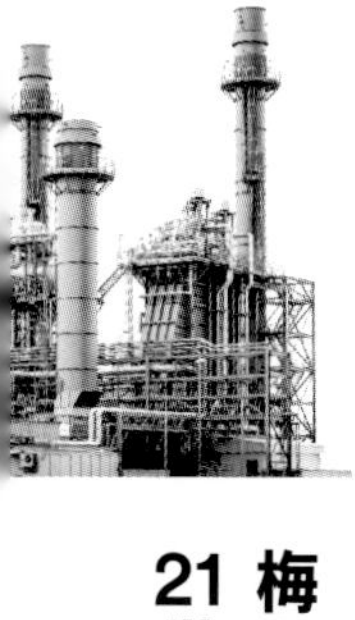

編著
梅田靖・
21世紀政策研究所

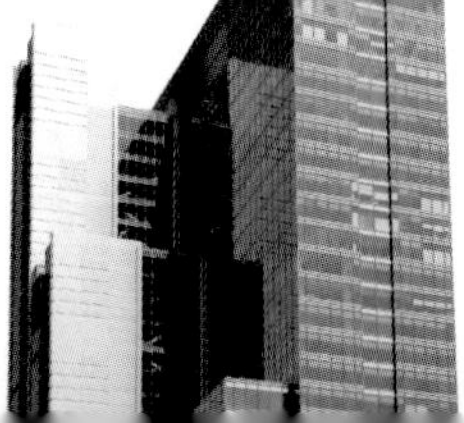

keiso shobo

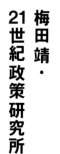

ご挨拶

２０１５年、欧州委員会がサーキュラーエコノミー（ＣＥ）政策パッケージを発表しました。この政策パッケージは、従来型の環境政策の枠組みをはるかに超えた社会システムそのものに根本的な変革をもたらす産業政策であり、欧州委員会では成長戦略と位置づけられています。この政策が具体化されると、製造業の再生資源の利用率に対する規制として欧州市場への参入障壁となるほか、デジタルエコノミーと結合することで、既存のビジネスモデルの抜本的な転換が迫られるなど日本の産業に大きな影響を及ぼす可能性があります。

そこで、経団連のシンクタンクである21世紀政策研究所では、東京大学大学院教授の梅田靖研究主幹のもと、有識者3名の研究委員の参加を得て２０１８年、サーキュラーエコノミー研究会を立ち上げました。この研究会では、ライフサイクル工学、環境政策、環境ビジネス、デジタルビジネス戦略などの視座からＥＵのＣＥ戦略を多面的に分析してきました。また、研究の一環として、２０１９年には、梅田研究主幹と研究委員が欧州を訪問し現地調査を行うなどＣＥをめぐるＥＵ当局や欧州企業の動向の把握に努めてきました。

こうした中、米国での新政権の発足を契機としてＣＥの実現が気候変動などとともに国際社会の最重要課題のひとつとされる可能性が高まってきました。欧州、米国双方から日本に対して地球環境保護といった普遍的価値を全面に押し出した形での問題提起がなされることも予想されます。そこで、当研究所では、これまでの研究成果をふまえ、改めてCE戦略の重要性を経済界はもとより広く社会に問いかけるべく本書を刊行することとしました。

本書が、日本において、CEを軸とする新たなビジネスモデルや国際社会に挑む理念・戦略を考える端緒となることを願っております。

2020年12月
21世紀政策研究所所長
飯島　彰己

＊本書は、21世紀政策研究所の研究成果であり、経団連の見解を示すものではありません。

サーキュラーエコノミー　目次

序章　サーキュラーエコノミーが目指すもの

梅田　靖

２０１５年12月に欧州委員会が発表した「Closing the loop - An EU action plan for the Circular Economy」（サーキュラーエコノミーに向けたＥＵ行動計画、別名、ＣＥパッケージ）は、２０１４～２０１９年の欧州議会の政策の柱とされ、欧州の環境政策をサーキュラーエコノミー（以下、ＣＥ）を中心に推進することを高らかに宣言したものだった。このＣＥに関連する一連の政策（本書では「ＣＥ政策」と呼ぶ）は、ＲｏＨＳ指令、ＷＥＥＥ指令、ＥＬＶ指令などに代表される、従来のＥＵにおける環境政策と本質的に異なる可能性がある。確かに従来のＥＵの環境政策もその時々においてものづくりのありかたに非常に大きな影響を与えた。典型的なのは、ＲｏＨＳ指令によって、国内の電気電子メーカーがハンダの鉛フリー化に急速に舵を切り、世界で初めて達成した事例が挙げられる。しかし、これらの環境政策の影響はまさに「環境問題」の枠内に留まっていた。一方で、ＣＥ政策は、環境問題の枠内に留まらず、ＣＥに向けて経済の仕組み自体を変えようとする政策に見える。

本書では、この市場経済のＣＥ化の問題を中心に論じる。この政策課題は、資源の有効活用（Resource efficiency）と欧州の競争力強化、雇用確保を結びつけ、市場競争の座標軸を変えようとする試みであり、ひいては、ものづくりを含む価値提供のやりかたを変えようとする試みでもある。ＥＵがこの政策課題をどこまで実効性のある形で実装できるのかについては今後の動向を見守るしかないが「サーキュラーエコノミー」という概念自体はわれわれが進むべき社会の将来像を示しており、国連のＳＤＧｓ（Sustainable Development Goals）と同様にこれ自体を否定することは難しい。すなわち、遅かれ早かれＣＥが呈示するような社会に移行することは不可避であり、リスクの高いシナリオとして、ＣＥ政策が急速に実装される状況に対して、日本の製造業もいまから備えるべきである。この変革は、欧州域内でビジネスを行う日本企業に大きな影響を与えるのは当然として、この考え方がグローバルスタンダード化し、中国をはじめアジア諸国にも広がった場合、この考え方についていけない日本企業が取り残される危険性は極めて高い。参考として「終章」では、ＣＥ政策で今後起こりうる、また現在起きつつある変化をまとめた。

この変革に備えるには、ＣＥ政策が暗示している市場競争の座標軸がどのように変わるのか、ものづくりを含む価値提供のやりかたをどのような方向に誘導しようとしているのかを読み解く必要がある。そして来たるべき変化に備えることが重要であろうというのが、21世紀政策研究所「サーキュラーエコノミー研究会（ＣＥ研究会）」の考えかたであり、またそれに対する現時点でのできる限りの解答を試みることが、本書の目的である。

はじめに、ＣＥ研究会の活動の目的と概要を紹介する。ＣＥはサステイナブルな社会の形成に関して欠かせない理念だが、欧州のＣＥ政策ということになると、廃棄物、フードウェイストの問題、また近年、非常に騒がしい海洋プラスチックなどのプラスチック廃棄物の問題といった多様な側面があるため、少々わかりづらくなっている。このようななかで、特に日本のものづくりメーカーを中心とした場合に、これをどのように受け止めてビジネスチャンスにつなげていけばいいのか。こうしたことを考えたいというのが、まずＣＥ研究会の目的になる。

ＣＥ研究会では２０１９年の１月、欧州調査を行った。ＣＥは実際に欧州の中ではどのように受け止められているのか、欧州委員会はどのように考えて、どのように進めようとしているのか。具体的には、欧州における関係各方面の政策に関する最新の取り組み、また新たな規制、事実上の参入障壁となるようなリスクがあるのかないのか、新規ビジネスモデルへの発展の可能性があるのかないのか。これらを現場で見て、調べてきた。調査先のひとつとして、ヴェオリアというメガリサイクラーといわれているインフラ企業を調査した。

調査結果を簡単にまとめると、まずＣＥ政策というのは、具体的な指令や法規制のかたちで具体化が進んでおり、企業はＣＥを取り込んだ経営戦略をすでに実践し始めている。規制を待つというより、規制に先立ってビジネスチャンスをアグレッシブにとりにいくような姿勢が見えた。今回の調査では、特に設備保全プラットフォームの戦略や地域の資源を循環させるソリューションの戦略といったビジネスチャンスに結びつけるようなビジネスモデルを目の当たりにすることができた。

ＥＵのサーキュラーエコノミーが経済の仕組みを変える

まず、筆者が最初にＣＥの説明を受けた際の理解を示しておく。

ＣＥのイメージだが、ＥＵが提案する循環経済（ＣＥ）のイメージ図（**図表序－１**）の中で、われわれが注目するのは「枯渇性資源」だ。再生可能資源と枯渇性資源がそれぞれ循環の輪を描いている、それも多様な循環の輪を構成することが重要になる。シェアリング、リユースや**リマニュファクチャリング**、リサイクルも当然入るが、こういったものをうまく組み合わせて資源がそもそも

図表序-1 EU が提案する循環経済（CE）のイメージ

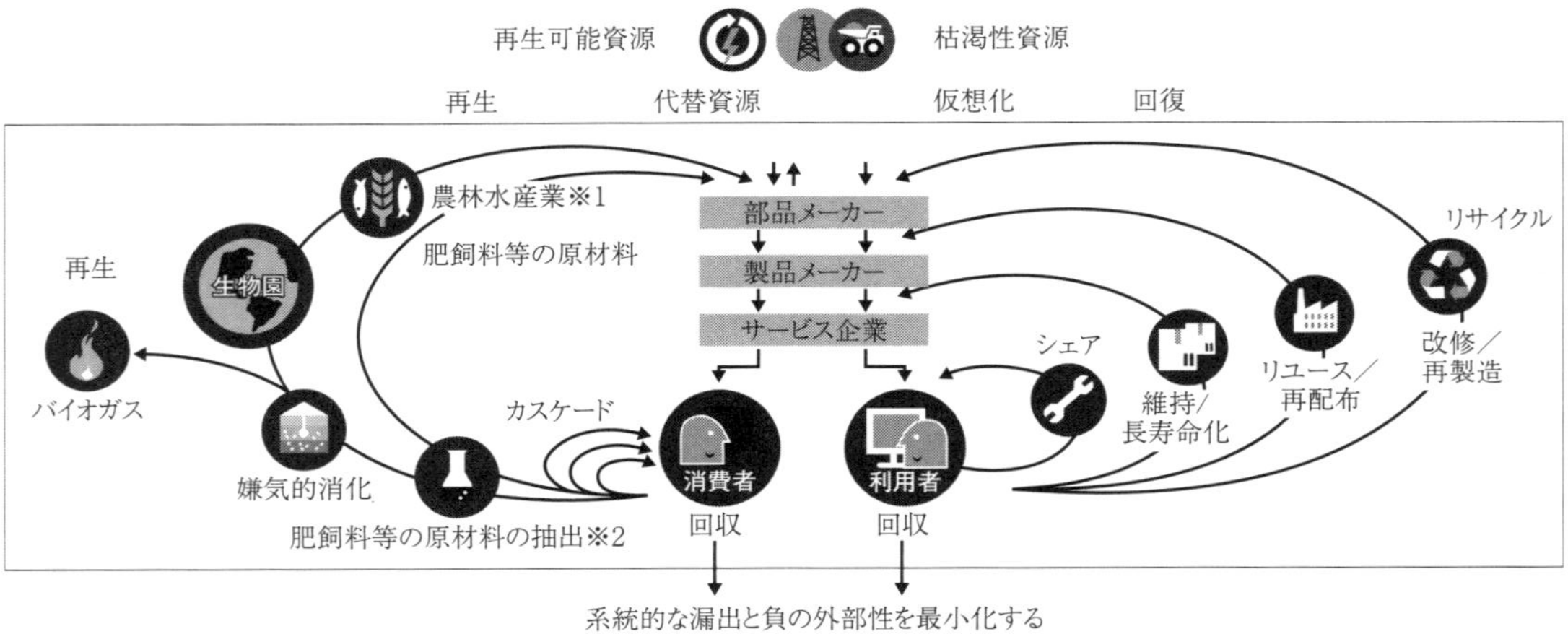

（注） ※1 狩猟と漁撈，※2 収穫後消費済の廃棄物の両方を投入として利用可能。

（出所） Ellen MacArthur Foundation, SUN, and McKinsey Center for Business and Environment, “Drawing from Braungart & McDonough, Cradle to Cradle（C2C）” より環境省作成。

循環するような社会、それが経済のメカニズムにエンベッドされているのが、図からは見て取れる。
欧州の人々はリニアエコノミーからサーキュラーエコノミーというキャッチフレーズを使うが、そのようなかたちで経済の仕組み自体を変えようという動きがCEだと理解していい。

Systemic Eco-Innovation ともいわれるが、漸進的に少しずつ改善するのではなく、大きな変化を巻き起こすモデル、それがCEだ。リユースやメンテナンスやアップグレードや材料リサイクルなど、多様な循環を組み合わせて資源効率を大幅に拡大する、高度化する。再生可能資源の材料を使用する。使用済みのものは「ごみ」ではなく資源であり、大量生産ではなくカスタム化する、資源を枯渇させるのではなく再生する。「製品サービスシステム」、すなわち製品をつくり、販売し、使って、捨てるのではなく、製品とサービスをセットにして機能や体験を提供するような仕組みを重視している。

それが結局のところ欧州圏内の雇用の確保とEUの産業競争力の強化につなげるのがCE政策である、という言い方をしている。筆者も最初に聞いた時はクエスチョンマークが点灯し、どうやって循環を産業競争力強化と雇用に結びつけるのだろうかと思ったが、ビジネスの仕組み、市場競争の仕組みを変えていくことにより実現するというのが、EUの基本的なスタンスだと理解した。

これらの動きに関して、この研究会もそうだが、国内のさまざまな分野で「どういう黒船が来るのだろう」という議論がさまざまに行われている。議論を整理すると次のようになる。まず、このような変化が起こりうる原因のひとつは多分「価値観の変化」だろう。モノを所有する幸せから経験価値とか体験を重視するようなコトへの変化が、ひとつのドライビングフォースになっているのだと思われる。

次が、メーカーサイドに立つと気になるところだが、モノをつくるメーカーが主役というのではなく、循環をうまくコントロールするようなビジネス主体、マネージしていくようなビジネス主体、これは筆者の言葉だが「循環プロバイダー」と呼ぶとすると、今後は彼らが主役になっていくのではないか。いままで循環型社会というと動脈系・静脈系というような言い方をしてきたが、そのようにザックリ分けるのではなく、もう少し細かい循環が網の目をつくるように構築されていく「毛細血管」型なのではないかと思われる。そして重要な基盤技術が欧州が力を入れており、わが国が後手に回っている「デジタル革命」である。

EUのCE政策の背景

このようにCE政策が出てきた背景には、ひとつには、資源の制約が今後極めて大きくなっていくのではないか、という予兆がある。人類の活動が地球の許容量を超えつつあるという危機感が急激に大きくなっている。一方で、EUというレジームを維持するためには雇用を強調した政策を打っていかなければならず、欧州市場の中で、また、グローバル市場の中での競争力もつくっていかなければならない。このようなことは欧州委員会の文書にはひと文字も書かれていないが、それがまずは欧州市場における非関税参入障壁のようなかたちで表れかねないというのが、われわれの危惧である。

ここまでのことを大まかに整理すると、英国の**エレン・マッカーサー財団**が発祥といわれている、理念としてのCEという考え方が一方にあり、もう一方でそれを欧州における実社会、現実の世の中に実現するための施策として欧州のCEパッケージがある。この2つの切り分けが、まず必要である。

エレン・マッカーサー財団のいうCEの理念は、日本において1990年代から提唱されていた循環型社会のある種の正常進化ではないだろうか。1990年代には入っていなかった、いくつか重要な要素が加わっている。例えば、シェアリング、製品サービスシステム、そして経済システムとしての「循環経済」だ。さらにCEパッケージは政策目標として、循環型社会にはなかった、雇用の確保やEUの競争力強化をうたっている。

廃棄物問題、フードウェイスト問題、海洋プラスチックの問題という目前にある資源循環の問題と、競争力を高めるための市場経済のCE化の問題が、それを意図したかどうかはわからないが、混合しパッケージ化されているため、問題の本質を見えにくくしているのではないか。

従来型のEU環境政策との違い

従来型の、いわゆるEU指令というものがいくつかあるが、この違いを簡単にまとめてみよう。例えばRoHS指令、WEEE指令、ELV指令はよく知られているが、これらはそのときどきで、ものづくりのありかたに、大きなインパクトを与えた政策であることは間違いない。例えば、前にも述べたようにRoHS指令によって、鉛フリーハンダを開発して導入していかないと欧州域内では販売できなくなり、実際に、わが国は先んじて開発に成功したことでイメージアップに貢献できた。

しかし一方でその影響は、大雑把にいってしまうと、環境問題の枠内に収まっていた事柄ともいえる。CEは、この枠内には必ずしも留まらずに、経済の仕組み自体を変えようとする政策である。理念としてのCEを実現するためには、経済の仕組みのほうを変えないと素直には移行しないので、政策によって市場を変えていこうとする施策を、EUは打ち出した。これがわれわれの研究会のひとつの結論である。

いま、わが国のものづくりも、このEUの政策にプロアクティブに対応していかないと、非常に困難な局面に立たされるのではないか、それがわれわれが抱いた危惧でもある。

欧州企業がCEに取り組む理由

欧州企業がCEに取り組む理由として、現地でのヒアリングの結果になるが、必ずしもCEパッケージに代表される法律に対応することだけが本旨ではないようだ。欧州の人々は言い方がうまく、法律が怖いから、という言い方はしない。CEという理念が重要だから、それに少しでも近づくようなビジネスをきちんと展開していく、という言い方をする。CEという考え方は欧州だけでなく、世界中のどの地域においても重要であるから、それに対し競争力の優位を確保するために先手を打つことが重要である。いまから準備しておけば、コストミニマムで対応が可能になるという。これに対して、ただ「規制」を待っているだけでは、市場競争上不利になるかもしれない、というわけだ。

日本ではCEというと、環境部門の中でちょっと話題になるぐらいではないだろうか。しかし実際には、製品設計のつくり込みやビジネスのやりかたを変える、情報部門と協力してデジタルプラットフォームを活用する、または経営の根幹に反映させることが必要で、そこまで声が届いていないのが現状ではないか。

単純化してしまうと、日本企業は従来の環境対策の延長線上でCEをとらえていて、規制ができたら対応しましょう、という姿勢に見える。欧州は経営の意思決定にCEの理念を取り込み、各事業へも浸透させてきている（図表序-2）。

CE政策の懸念事項

逆にCE政策の懸念事項だが、CEは、つまり、必ずしもEUのCEパッケージという意味ではなく、エレン・マッカーサー財団のいうCEは、理念としては抗いがたいところがあり、これを超えるような一般的なサステイナビリティに向けた理念を打ち出すのはなかなか難しい。一方で、CE政策は欧州において、たまたまこういうかたちをとっているだけであり、ワン・オブ・ゼムでしかない、もしくはCEの実現政策の唯一の正解というわけではない。もっと、地域ごと、企業ごとに異なるCEの実現手段があるだろう。だからこそ、この欧州のCE政策がグローバルスタンダード化することが怖いのである。

欧州のCE政策がうまくいくかどうかわからない、そんな点はいくつか挙げられる。実際に政策の実効性があるのかどうか、欧州の社会がCE社会を実現するような方向に行くのかどうか。例え

図表序-2　CEビジネス体制のイメージ

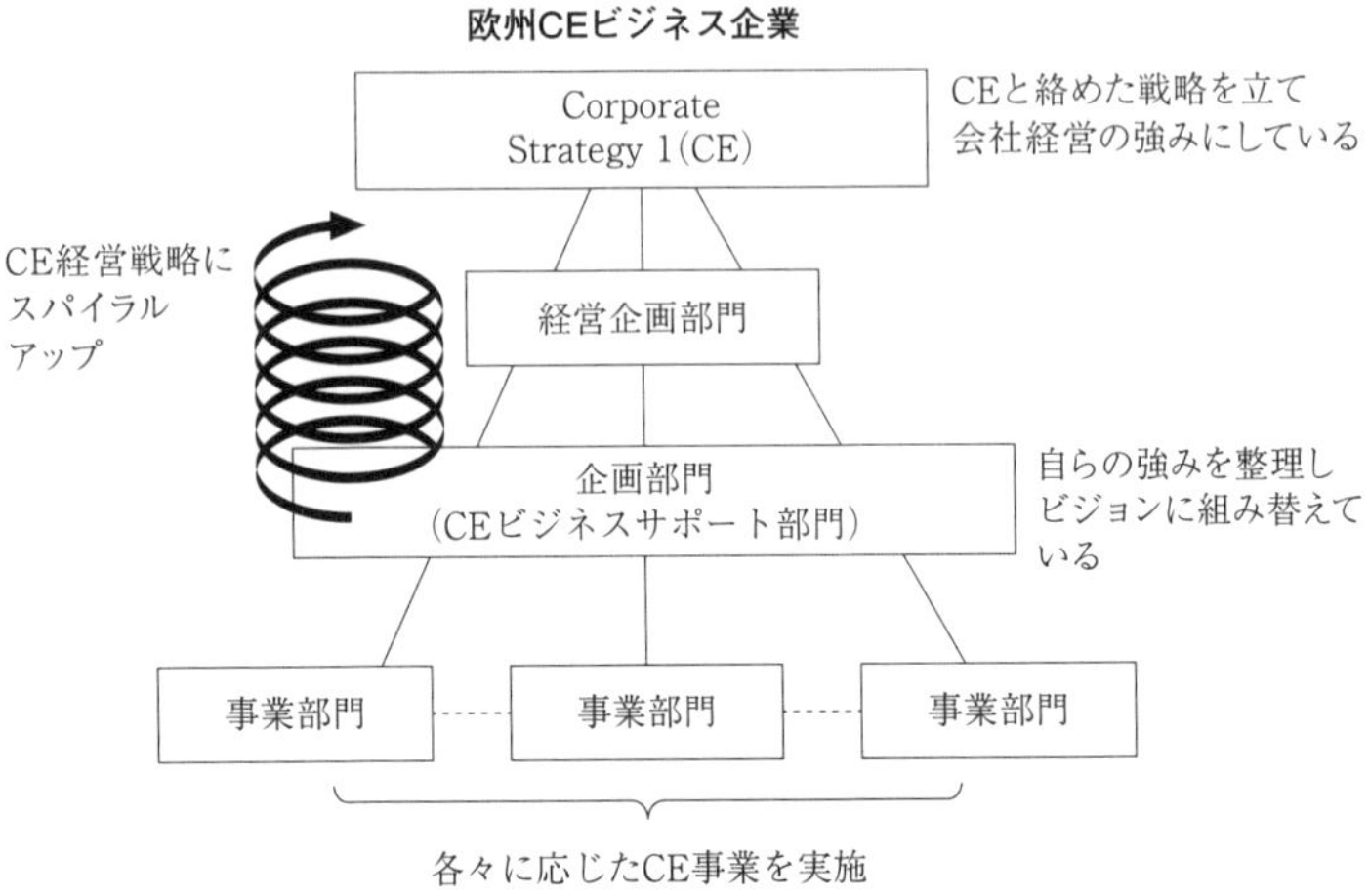
欧州CEビジネス企業
Corporate
Strategy 1(CE)
CEと絡めた戦略を立て
会社経営の強みにしている
CE経営戦略に
スパイラル
アップ
経営企画部門
企画部門
(CEビジネスサポート部門)
自らの強みを整理し
ビジョンに組み替えて
いる
事業部門
事業部門
事業部門
各々に応じたCE事業を実施

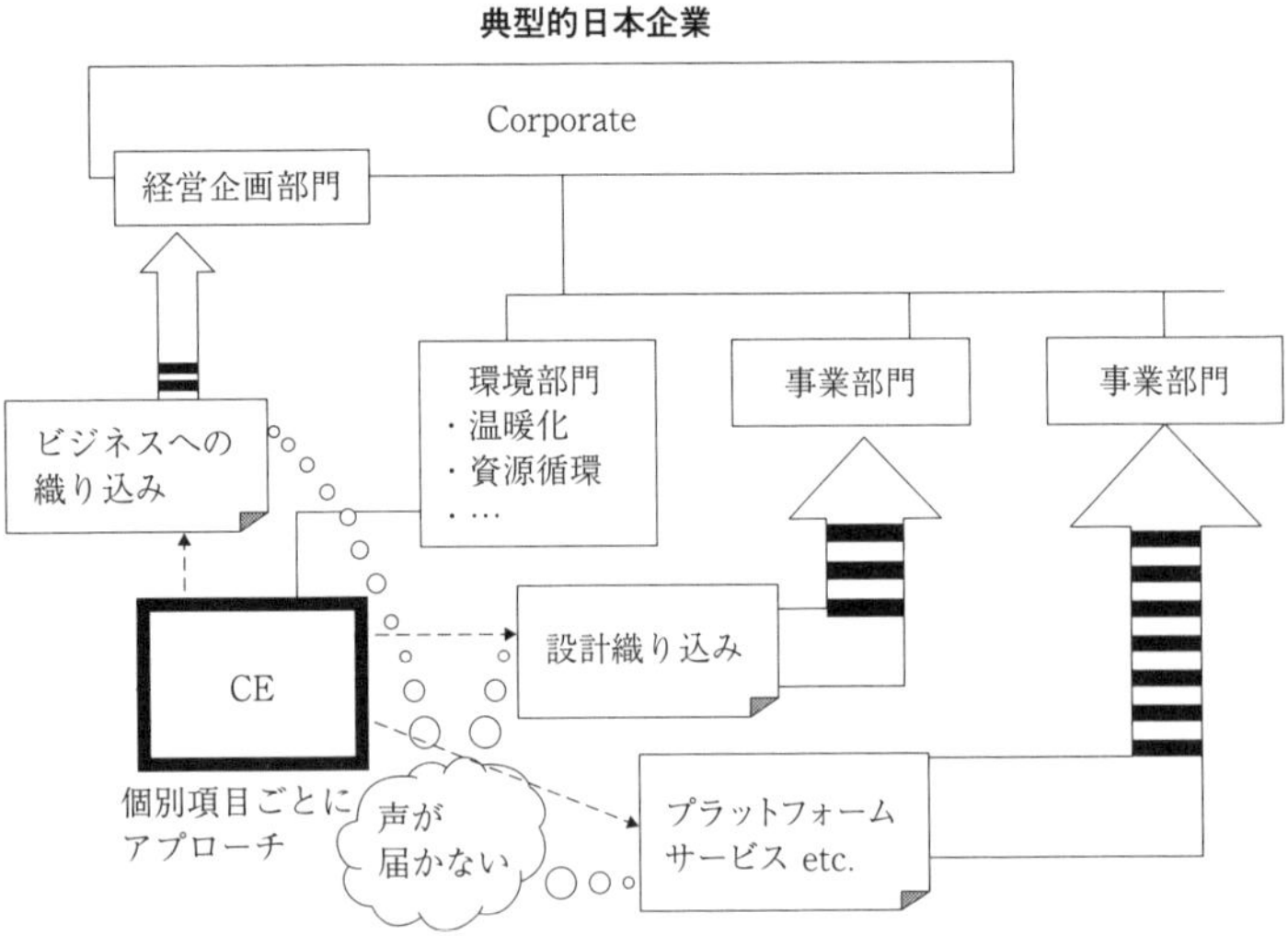
典型的日本企業
Corporate
経営企画部門
環境部門
・温暖化
・資源循環
・…
事業部門
事業部門
ビジネスへの
織り込み
設計織り込み
CE
個別項目ごとに
アプローチ
声が
届かない
プラットフォーム
サービス etc.

ば、実現までには相当時間がかかるのではないか、一部の企業だけが先走っているのではないか、リサイクルやメンテナンスの単純作業が増えて労働単価が下がるのではないか。できない理由を探せばたくさん挙げることができる。しかしネガティブな要因を挙げるのではなく、実現した場合を想定してアクションを打って行っていくことが重要である。

将来の方向性としてCEの理念は間違っていない。となれば、今後のシナリオとして、欧州のCE政策が、急速に実装された場合にさまざまな転換が求められるだろうから、そういう場合を想定して行動の準備をしておくことが必要ではないか。そのためにはどうするか、CEを実践する欧州企業の人はこう言っていた。あらかじめアクションをとること、さまざまなステークホルダーと双方向のコミュニケーションをとること、そして実施していることを外へ向かって発信すること、この3つを実行することが重要だという。

日本企業に求められるアクション

われわれが、やらなければならないこととは、なにか。ひとつは、CEパッケージと連携させて、例えば循環型社会2・0というような、日本版のCEパッケージをつくるということ。これはビジネス界ではなく、官庁が主導して行うべきだと思う。このさきがけとして、2020年度版循環経済ビジョンが2020年6月に発表された。もうひとつは、CEが急速に実装された場合、欧州圏内でのビジネスを維持し、展開するためのアクションが必要になるということ。また、アジアなどで普及した場合にも、同地域で対応していけるアクションおよび準備をしていく必要がある。

サーキュラーエコノミーで起こりつつあること、今後起こりうること	
1	CE は、温暖化と並ぶ（もしくはそれ以上の）国際的なホットイシューとなっている。
2	ものづくりのありかたの変革を促し、雇用やサプライチェーンにも影響を与える。
3	規制化・標準化が進み、新たなルールへの対応が必要となる。
4	製品を生み出すよりも価値を提供することに重きがおかれる。
5	製品・部品の長寿命化の優先順位が高くなる
6	ものづくりのみならずプラットフォームやソリューションビジネスへの対応が必要となる。
7	製品設計でのライフサイクル思考が強まる。
8	製造業者は販売後にも製品・部品へのコミットメントが必要となる。
9	再生材の利活用が進み、新材との区別が弱まる。
10	ステークホルダーとのコミュニケーションが強化され、CE 型ビジネスモデルに向けた意識変革が重要となる。
11	中国をはじめとするアジア地域で CE がグローバルスタンダード化される可能性がある。

以上をふまえて、これから起こるであろうことを、終章とやや重複する内容であるが、重要なことなので、簡単に11項目にまとめた。

第1章

サーキュラーエコノミーとはなにか

赤穂 啓子

欧州がCircular Economy（サーキュラーエコノミー、以下CE）へ大きく踏み出そうとしている。本研究会は、この欧州のCE政策が日本の企業、中でも製造業に及ぼす影響について調査し、今後の日本企業が取り組むべき経営指針の一助になることを目的として発足した。欧州の政策は、日本企業にとって欧州市場での経済活動にさまざまな制約をもたらすだけでなく、世界市場においても既存のビジネスモデルを大きく転換するきっかけとなる可能性がある。中国政府がCE政策に大きな関心を示していることも、今後のCEの波及にインパクトを与えるだろう。またISOでCEマネジメントに関する国際標準規格の策定作業も始まっている。

欧州の先進的な企業では、CE型のビジネスモデルを自社の経営の中核に据えて活動を始めている。日本企業も一部にはCE型ビジネスに着手する事例も見受けられるが、その活動は部署で閉じていたり、一部の消費者のみが関わる未熟な段階であることは否めない。CEへの取り組みを加速し、企業経営全体や社会を巻き込んだビジネスモデルを構築することが、今後の持続可能な成長への橋渡しとなるだろう。

1　欧州の政策

①リニアエコノミーからサーキュラーエコノミーへ

欧州連合（EU）は、CEとは「資源の枯渇や価格変動から企業を守り、新たなビジネスチャンスと革新的で効率的な生産方法および消費スタイルを生み出すことで、新たな競争力を高める経済

図表 1-1　CE 型ビジネスにおける製品フロー

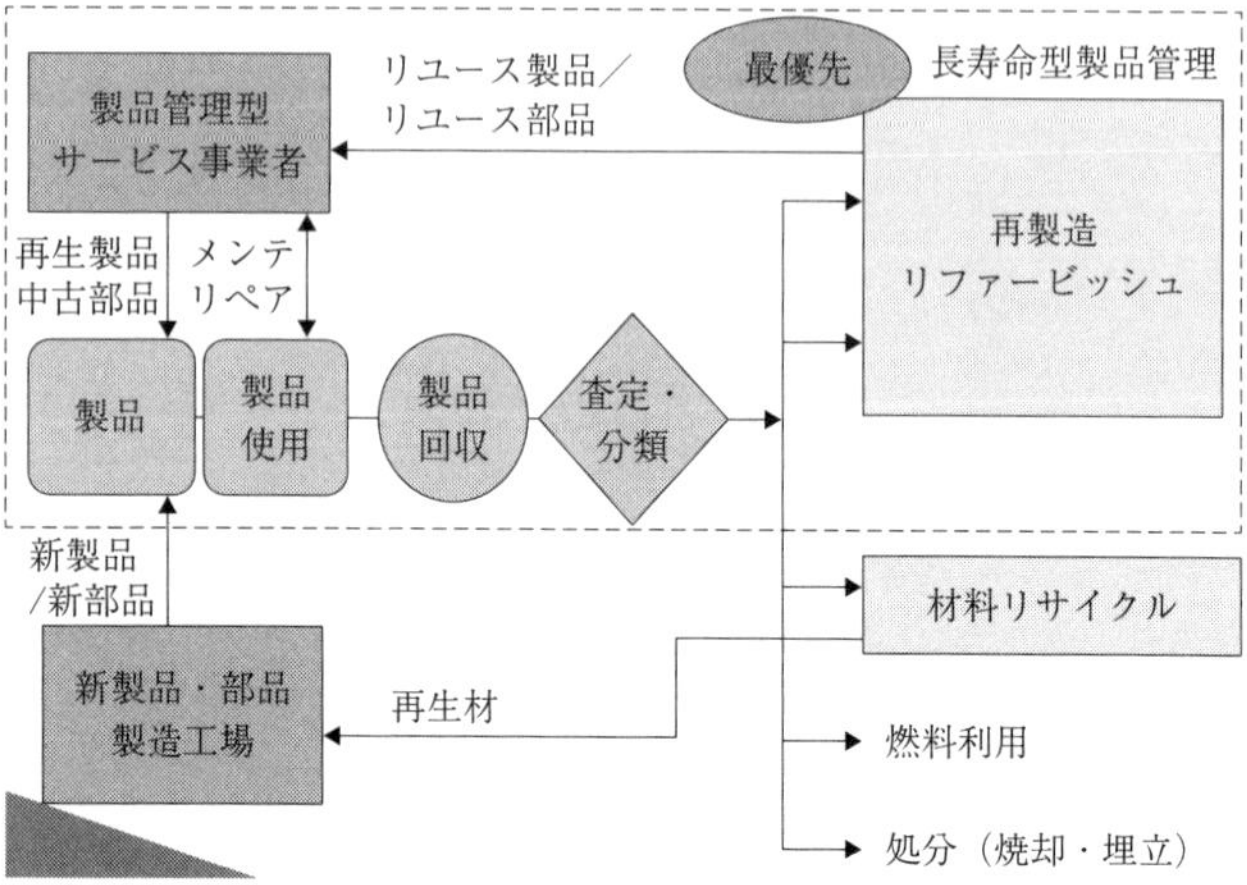

（出所）　喜多川委員資料。

政策である」と位置づけている。それまでの大量生産・大量消費が一方向の（Linear）経済であるのに対し、製品や部品をメンテナンスや洗浄をして再利用したり、廃棄された素材をリサイクルしてまた素材として有効活用することや、製品の利用形態を所有からシェア型へと転換させ、資源を極力循環（Circular）させていこうというものだ。製品の価値をできるだけ長く保ち、廃棄物の発生を最小に留め、持続可能で低炭素・高効率な資源利用を行うことにより競争力のある経済開発を目指していく。

ここで指摘したいのは、ＥＵはＣＥを経済政策、産業政策として位置づけていることだ。ＣＥは多分にリサイクルやリユース、廃棄物処理の問題と関連づけて語られるため、既存の３Ｒ（リディース、リユース、リサイクル）の延長にあると思われるが、ＥＵはＣＥ政策導入の意義を「欧州のための、新しい持続可能な競争上の優位を生み出すもの」と明示している。

世界経済の主要市場が、米国やアジアにシフトするなかで、欧州の企業もさまざまな変遷を遂げている。製造業の中では、家電メーカーの多くが撤退、規模縮小で力を失い、自動車産業においては、ドイツのフォルクスワーゲンは世界シェアトップ（2019年時点）を誇るが、その生産は中国へとシフトしている。生産拠点の縮小は、そこで雇用される人員の削減とも直結している。

CE政策はEUにとって、力を失った製造業に復権の機会を与える政策であるともいえるのだ。経団連ヨーロッパ地域委員会の越智仁委員長（三菱ケミカルホールディングス社長）が、欧州のCE政策について「資源の消費と経済成長を一部デカップリングした、新しい経済活動」と指摘（第5章3①参照）しているように、既存の産業構造にくさびを打ち込み、新たな成長モデルとして提示しようという意図が現れている。

②資源制約時代の予兆

OECD（経済協力開発機構）は2019年2月、最新の材料資源の需要調査を公表した。それによると、2060年時点の需要は世界全体で1670億トンで、2011年の790億トンから約2・1倍になると予想している。このうち金属類は200億トン（2011年比2・5倍）、化石燃料は240億トン（同1・7倍）、バイオマス（生物由来資源）は370億トン（同1・85倍）、金属を除く鉱物資源は860億トン（同2・3倍）と、いずれも大幅に増加すると予想している。

さらにそれらが消費され、廃棄される時に必要な処理コストは莫大なものとなり、環境汚染を引き起こすだけでなく、気候変動やエネルギー需要、人の健康に多大な影響が及ぶと指摘している。

このように世界の今後の資源需要を見れば、いまの大量生産・大量消費型のリニア型経済が早晩行き詰まりを見せることは間違いないだろう。ＥＵがその事態への対応をいち早く取り、サーキュラー型へと舵をきることは、新しい市場におけるリーダーシップを獲得することにもつながるのだ。

2　欧州がＣＥに取り組む背景

①欧州の政治的背景

欧州は現在、混沌の政治情勢の中にある。２０１９年に英国のＥＵ離脱が決まり、ＥＵの結束が崩れた。さらに２０２０年になって、新型コロナウイルス感染症が世界的流行（パンデミック）となり、ＥＵだけでなく、世界に大きな影を落とした。現時点で終息の時期は見通せない状況だ。

ＥＵは共産圏であった中東欧諸国が、ソ連の崩壊により続々とＥＵに加盟し、規模拡大をはかり、世界政治の中で一定の発言力を確保してきた。ＥＵ域内の人やモノの移動の自由や単一通貨ユーロの導入は、ＥＵを米国、中国、日本に並ぶ一大経済圏形成を実現した。しかし、リーマンショック以降の世界同時不況などをきっかけに、ＥＵ加盟国内でさまざまな課題が噴出し始めた。加盟国間での格差の拡大、大国と中東欧諸国との対立、ギリシャを筆頭とする国家財政破綻国の発生など、単一市場を揺るがす事態が相次いで起こった。さらに近年の中東からの移民の大量流入は、ＥＵ諸国の国民にとって受け入れ難いものとなっており、各国で移民受け入れ拒否を唱える極右政党の台

図表1-2　材料資源の需給見通し

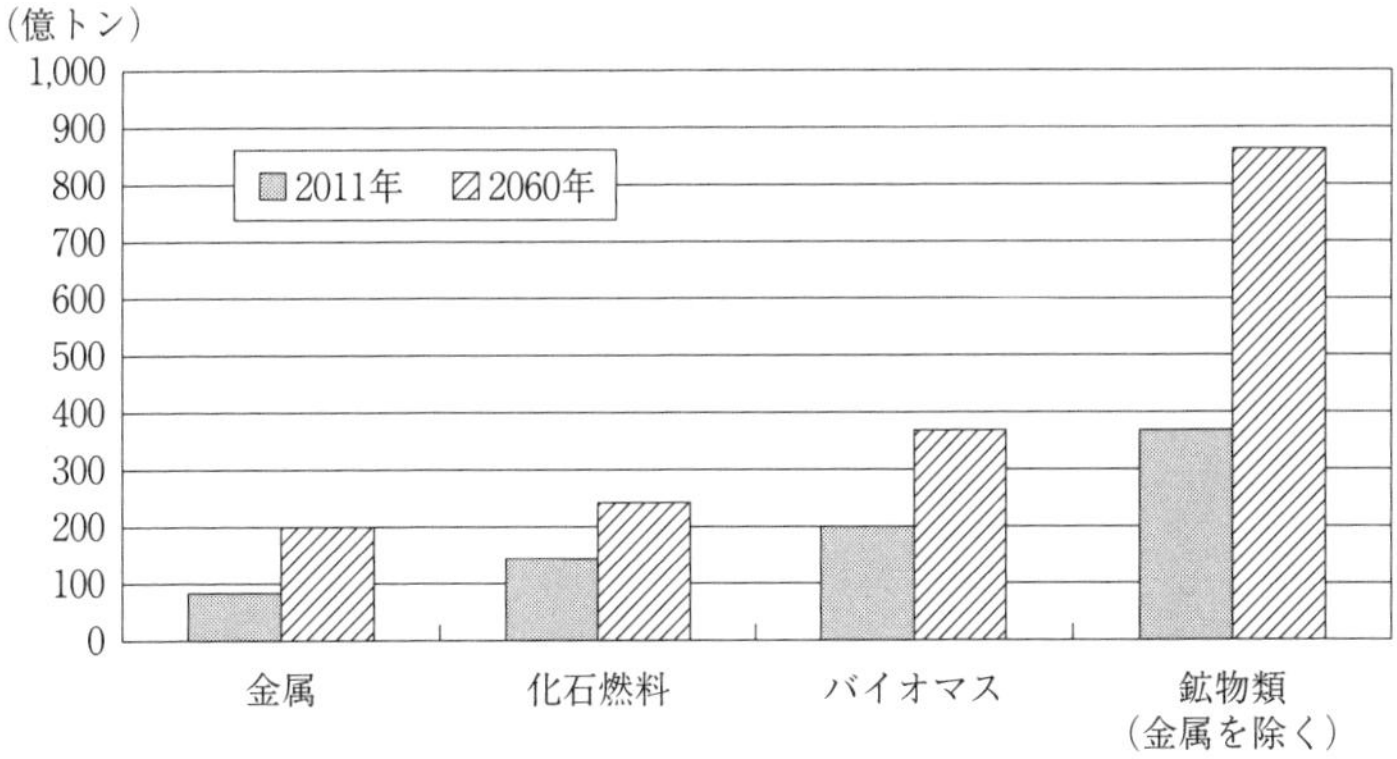

（出所）　OECD GLOBAL Material Resources Outlook to 2060（2019年）。

頭を招いている。英国のEU離脱はこうした欧州域内の不調和を象徴する出来事となった。

さらに、新型コロナウイルスは、EUの信条である、人の移動の自由を停止させる状況を作り出した。一時的とはいえ、加盟各国が〝自国第一主義〟を採った。イタリアやスペインで医療崩壊という悲劇が起こったものの、EU各国が即座に手をさしのべることはなかった。今後EUの求心力低下に拍車がかかることが懸念される。

国際通貨基金（IMF）は、6月に公表した2020年の世界経済見通しの中で、EUの経済成長率がマイナス10・2％に落ち込むとの見通しを示した。米国のマイナス8・0％や日本のマイナス5・8％よりも低く、新型コロナウイルスがEU経済にとって致命的なダメージを与えたことを表している。もともと財政基盤が脆弱なイタリアやスペインが、財政危機に陥る可能性も指摘されていたが、7月に7500億ユーロ（約92兆円）の復興基金の創設で合意したことは、欧州各国の再結集を示すこととなった。

②コロナ後世界で加速するCE政策

このように経済的に不安定な欧州において、CE政策が進められているのはなぜか。2019年5月に欧州の政治にとって最も重要なイベントとして、欧州議会選挙が行われた。5年に1度行われる選挙は、台頭する極右政党、ポピュリズム政党がどこまで議席を獲得し、既存の中道右派・左派政党がそれをどこまで阻止できるかが焦点といわれていた。結果は、中道右派・左派政党は過半数を維持できず、極右政党と環境重視の緑の党やリベラル政党が議席を伸ばした。議会対策を考えるうえでも中道右派・左派は、緑の党などを引き入れる必要があり、環境重視の政策をより強めていく方向へと進むことになった。

12月にはEU委員会の行政トップであるEU委員長に、ドイツ出身のフォンデアライエン氏が就任した。フォンデアライエン委員長は、就任早々の2020年1月にEUの新環境・経済・金融政策「欧州グリーンディール」を公表し、脱炭素社会の形成で世界を主導するために、高い環境基準を導入して国際競争力を高め、雇用を拡大する方針を掲げた。3月には「欧州新産業戦略」を策定し、環境とデジタル化を両輪に、成長戦略を描く方針を示した。そしてCEはこれら新政策の中の主要テーマと位置づけられた。

EU委員会は3月にCEの新たな行動計画Circular Economy Action Planを策定した。「今後10年間でEUの循環物質使用率を2倍にする」という目標を掲げ、それを具体化するために、製品の長寿命化や再利用・修理・リサイクルが可能な製品設計や再生材の利用を義務づける法制化にまで踏み込む方針を示した。EU市場で製品を販売する全企業に適用される。

EU委員会は新行動計画の実行で「2030年までにEUのGDPを0・5％押し上げ、約70万人の雇用が創出される」と明記している。このようにCEは新産業政策と表裏をなし、欧州の成長をけん引するツールと位置づけられている。

一連の方針が表明されたところに襲ったのが、新型コロナウイルスのパンデミックだった。世界を覆ったコロナ危機は、始動しだした新委員長体制下でのCE政策にどのような影響を及ぼすのか。現時点では終息の時期も見えず、CEの行方も見通すことはできない。ただ、筆者は世界はよりCEを推進する方向に進むと考える。新型コロナウイルスの感染拡大で露呈したのは、グローバル経済の負の側面だった。感染の発端となった中国があらゆる製品の供給拠点となっており、欧米や日本は、マスクや医療機器不足に直面した。さらに自動車や電子機器の部品の多くも中国で生産され、その供給が途絶えたことで、世界の工場が停止するという事態にも陥った。感染が終息した後に各国がとる政策は、中国など他国に過度の依存した生産体制の見直しとなるはずだ。

CEの推進は、こうした新しい時代に適合した政策である。新たな資源や素材の利用を最小限に抑えつつ、EU域内に新規の雇用をもたらす産業政策となりうる。同時に域外企業にとってはEU市場への非関税参入障壁としての効果も発揮する。CEで活性化するリユース、リファービッシュなどの市場は、いずれも消費者に距離的に近いところで生まれる可能性が高く、新規雇用増大の恩恵を実感しやすい。

ただ、今後CE政策を一層普及させるために、各国がとる政策の中には、製造業にとっては再生材の調達率拡大で調達コストが増大したり、拡大生産者責任の徹底によりさまざまな追加コストが発生する可能性がある。消費者にとってもデポジット制度の強化や再生材を利用しない容器を使った製品への付加価値税の引き上げなど、負担が増大する可能性もある。こうした痛みを伴う政策をどこまで受忍できるかも、CE政策の行方に大きな影響を及ぼすだろう。EUの掲げる脱炭素という気候変動対策目標からポーランドが離脱したように、CEにおいても、財政危機に直面するイタリアやスペインなどが歩調を合わせられるかは予断を許さない。すでにチェコの首相が欧州グリーンディールの延期が必要と発言したり、スコットランド政府もコロナ対応を優先するために、自国のCE法案の先送りを発表するなど、懸念は現実のものとなりつつある。

同じことは日本や諸外国にとってもいえる。各国がCE政策を進めるうえで、国民や産業界の理解をいかに得たうえで、普及させていくかは大きな課題なのだ。

3　CEに取り組む欧州企業

EUや加盟国政府がCE政策を打ち出すのに呼応して、欧州に本社を置く企業は、自社の経営にCEを取り込み始めている。また、CEを追い風に自社の事業を急速に拡大させている企業もある。

2019年1月に本研究会は欧州で現地調査を行い、複数の企業に取り組み方針を聞く機会を得た。

①シーメンス

シーメンスは1867年創業の歴史ある企業でドイツ・ミュンヘンに本社を置いている。電力、鉄道、家電、産業機器、ファクトリーオートメーション（FA）、ヘルスケアなど多岐にわたる事業を手がける欧州を代表するコングロマリット（複合企業）だ。2019年9月期の売上高は868億ユーロ（約10兆5000億円）、純利益は56億ユーロ。かつては電力が主力事業であったが、現在はデジタル技術と自動化技術を融合させ、第4次産業革命を興す「Industry 4.0」をけん引する企業として名をはせている。2020年秋に主力事業である電力事業を分社化、株式上場させるなど、大胆な事業構造改革にも取り組んでいる。

シーメンス本社

シーメンスのCEへの取り組みについて、同社のクラウス・リッツェンキルヘン環境保護担当副社長は、「リニアエコノミーに限界を感じており、すべての事業にCEを組み込んでいる」と述べるとともに「CEに積極的に取り組むのは、世界のどの地域においても（CEが）法や経済に盛り込まれる前に、あらかじめ準備を整えておけば、良い対応をとることができるから」とも述べた。CE時代へ先手をとれば、今後の事業展開においても有利になるという、経営戦略にＣＥに取り組む意欲を感じた。

また、同氏はＣＥに関する５つのビジネスモデルとして、まず製品寿命の延長、そしてプラットフォームを活用したシェアリングモデル、さらにリースによるＰａａＳ（プロダクトアズアサービス）、廃棄物の再利用、製品の再利用を挙げた。

いずれもデジタル技術を有効活用することで、世界のどこからでも、低コストで情報を共有させる仕組みを構築している。同社はクラウドベースのＩｏＴプラットフォーム「**マインドスフィア**（MindSphere）」を構築、商品化しており、ＣＥにおいてもそれを有効活用している。

すでに同社社内でのシェアリングモデルの取り組みとして、世界１８５カ国で展開する同社グループ企業間で、生産設備の再利用や購買の一元化を行ったことで、10億ユーロのコストダウンと３万２０００トンのCO_2削減を実現させている。

またレアアースやレアメタルのような重要原材料（Critical Raw Metal）を「有害物質」と位置づけ、全社的に利用の低減や置き換えを進めている。同社はこれまでに、医療機器の再製造（リマニュファクチャリング）、自動車部品の再生（**リファービッシュ**）、風力発電のモーターにレアアースを使わない磁石の採用、ガスタービン部品の補修に３Ｄプリンターを活用するといった事業を始めている。

各事業におけるＣＥへの取り組みは、基本的には各事業部の判断によって行われている。リッツエンキルヘン副社長は、「リニア型ビジネスをＣＥ型に変えていくうえで重要なのが、ビジネスとして成り立つかどうかということ」と指摘した。そのために各事業部が原材料コストの今後の増減を計算したり、資源効率化を進めることがエネルギー効率にどう影響するかなど、さまざまなプラスマイナスを検討し、そのうえでビジネスを進めるとしている。同時に「CEはCSRではなく、サステイナビリティ（持続可能性）の観点で取り組んでいる」とし、あくまでも同社の今後の経営のための取り組みであると述べた。

こうした取り組みが評価されたこともあり、同社は2017年にフォーブスの「世界で最も信頼される大企業」のトップに選定された。外部の評価は、投資家の投資行動にも大きな影響を及ぼし、同社の企業価値向上にも寄与した。

②ヴェオリア

ヴェオリアは水処理、リサイクル、エネルギー管理を主力3事業としている。フランス・パリ近郊のオーベルヴィリエ市に本拠を置き、欧州だけでなくグローバルに事業展開を行っている。水道事業として3548カ所の浄水場と2835カ所の下水処理場を管理、廃棄物処理事業として5000万トンを処理、エネルギー事業として4100万メガワット時を発電、4万5097カ所の熱設備を管理している（いずれも2018年時点）。2019年12月期の売上高は271億8900万ユーロ（約3兆3000億円）。同社は一般的に「メガリサイクラー」といわれるが、同社自身は「原料の供給業（Resourcer）」と称している。欧州のCE政策の普及とともに急成長を見せている。

同社のデヴィッド・コックス副社長は「われわれの使命は、世界の資源を支えることである」と述べ、まず水を提供するために、水資源の保全や効率的な利用から事業を始め、その次に廃棄物処理、さらにエネルギー管理へと事業を広げ、近年はプラスチックのリサイクル事業に力を入れていると説明した。さらに「われわれが持つこれらの知見がCEへの解を見いだすことになる」と、CE時代をリードする気概を示している。

前記のとおり、同社はすでにプラスチックリサイクルを事業として展開している。子会社のヴェオリアポリマーでは、自治体が回収したプラスチック廃棄物を洗浄、粉砕したフレーク（主にポリプロピレン）を原料に、ペレットを製造し、販売している。

搬入された原料は各種分析装置により品質を厳格にチェック、同社が求める品質に合わない原料は差し戻すこともあるという。搬入された原料は洗浄、分別、溶融、射出成型されペレットとして出荷。製品は同社が独自に設けた品質基準でグレードが決められており、ユーザーは自社にとって必要なグレードの製品を購入することができる。家電メーカーのフィリップスは、掃除機のプラスチック材の一部として、ヴェオリアポリマーの再生プラスチックを使用している。

ヴェオリアはプラスチックリサイクル事業について「法規制とさまざまなステークホルダー、NPOなどの後押しが必要だ」（デヴィッド・コックス副社長）とし、EUが進めるプラスチック戦略により、企業が再生プラスチックの使用比率を高める方針を相次いで打ち出していることを追い風と感じているという。そして今後「バージン原料と再生原料が同じ原料として融合する時代になっていく」と指摘している。

同社の事業は稼働状況や製品データがデジタルプラットフォーム「ハブグレード」により管理さ

れており、製造や稼働履歴をオンラインで見たり、運用状況を分析することが可能になっている。CEの普及ではデジタル技術との融合が重要であると言われており、同社の取り組みはその先行例としても注目される。

また、同社はアジアを成長市場として見ており、すでに中国には25年以上前から参入し、水処理や廃棄物処理などを地元自治体や企業と組んで提供している。日本にも進出し、自治体や企業向けに水処理サービスを提供、改正水道法が成立したことを受け今後さらに日本での事業強化を目指している。同社はアジア市場での売上高を、2017年時点で13億ユーロ（約1630億円）であったのに対し、2022年までに2・5倍にする計画を立てている。

4　EUにおけるCE政策の進捗

それではEUは具体的にどのようにしてCE政策を進めようとしているのか。EUは2015年12月に、CE政策に関する基本方針を示した「CEパッケージ」（Closing the loop - An EU action plan for the Circular Economy）を公表した。ここには今後EU各国や企業、市民が取るべき行動計画が示されている。またEUは同時に「廃棄物法制の改正指令案」も公表、これらを両輪としてCE政策を推進することを宣言している。CEパッケージの内容は「補足」として後述するが、その柱は次に示す6項目になる。

まず、①生産（製品デザイン、製造プロセス）、そして②消費、③廃棄物管理、④再生材料の活用促進（重点分野としてプラスチック、生ゴミ、建設廃材、電子機器材料、バイオマス）、⑤イノベーションを促す投資資金・公共調達、⑥進捗状況の評価・モニタリング。以上がCEパッケージが示した主な取り組み方針である。

本研究会はEU委員会でCE政策を担当する環境総局の幹部と協議する機会を得た。これをもとに、ここではCEパッケージの進捗状況と今後の展開について紹介していきたい。

まず、CEパッケージに基づいて見た現在の進捗状況について、「54の行動計画がつくられ、かなりの部分が達成されているが、まだ未達成なものもある。具体的には、資金確保や優遇措置、エコデザインについてがまだ未達成である」と、同局幹部は語った。エコデザインについては、今後、洗濯機や食器洗浄機など8つの製品カテゴリーで、修理のしやすさや、長寿命化、リサイクルのしやすさなどについて包括的な検討を行うという。また、より多くの再生プラスチックが使われるように、リサイクル材の品質規格を作成、今後再生材の使用を義務づける可能性についても言及した。

ISOでの規格化は、EU委員会では産業成長総局が担当しており、CEに関する規格化は、環境総局と成長総局が連携して主導していくことになるとした。

CEによる経済成長や新規雇用の拡大については、廃棄物の選別やリサイクル、製品のメンテナンスや修理、リユースで新規雇用が期待できるが、しかしこれらは低賃金となる可能性もあるため、新しいタイプのサービス型ビジネスなどが生まれ、そこで価値の高い新たな仕事が生まれることが重要であるとの認識を示した。

また、製造業の役割について、さまざまな製品に「拡大生産者責任」を求める方針を明らかにした。これは回収やリサイクルのコストを生産者が負担するというもの。さらに修理のしやすさや有害物質の有無やリサイクルのしやすさで製品を評価し、リサイクル料金を決定するという考え方（料金のモジュレーション）も示した。ＥＵの担当官は「ＣＥは経済モデルを変えていくことであり、それに対応できない製造業は困難な状況になる」と、企業に変革を求めている。

５　「循環経済行動計画」

２０２０年3月に策定した「循環経済行動計画」では、２０１５年に策定した前回の行動計画をより具体化するための施策が盛り込まれた。これは、２０１５年のＣＥパッケージを強化するものであり、また、資源消費量の削減に加えて、ＣＥの脱炭素への貢献が強調されている。ＥＵがＣＥ路線へ自信を深めつつある様子がうかがえる。

行動計画の骨子

①　持続可能な製品をＥＵの標準とする。
ＥＵ委員会は持続可能な製品ポリシー（Sustainable Product Policy）を法制化し、製品の長寿命化、再利用、修理、リサイクルが容易になるような設計をし、主要な原材料に可能な限り多くのリサイクル材料を使用することを法律制定により義務づける。

②　消費者の「修理する権利」を保護

消費者が購入した製品の修理や耐久性に関する情報にアクセスできるようにし、消費者が持続可能性を配慮した製品選択ができることを権利として確立する。

③ 循環可能性の高い製品分野の指定

資源制約性が高く、資源循環の可能性がある製品を指定して特に具体的な施策を施す。

【重点7分野】

- 電子機器とICT
- 電池と車両
- 包装材
- プラスチック
- 繊維
- 建設と建物
- 食品

④ 廃棄物の削減

廃棄物の発生をなくし、高品質の再利用に回す。実現へEU共通モデルを策定する。EU域外への廃棄物輸出を最小限に抑制し、違法な輸出対策を講じる。

EU委員会は、これらの行動計画の実行に向け、2020年中により具体的な法令案や規制の枠組みの提案を行うことを表明している。新行動計画の概要は後述する。

6　ＥＵ加盟国のＣＥへの取り組み

①フランス

フランスはＥＵ加盟国の中でも、ＣＥへの取り組みを先導する役割を果たすことを自負している。２０１８年４月には「フランスＣＥロードマップ」を策定している。

このロードマップの内容は、２０２５年までに埋め立て処分する廃棄物を50％削減する、２０２５年までにプラスチックリサイクル１００％達成を目指す、プラスチックリサイクル強化により、年間約８００万トンの温室効果ガスを削減する、これら一連の取り組みにより新規雇用を30万人創出する、というもの。さらにこの意欲的な目標値を実現するために50の行動計画を示した。２０２０年１月から使い捨てプラスチック製のコップ、皿などの使用は禁止された。プラスチック製レジ袋の使用も禁止となっている。ただし、いずれも植物由来素材が一定割合以上入っているものや、たい肥化可能なプラスチックは対象外。

また、AFNOR（フランス規格協会）は、ＩＳＯにＣＥマネジメントに関する規格化案を提案し、国際標準化作業についても先導することを目指している。

②オランダ

オランダもＣＥ政策に熱心に取り組んでいる国のひとつで、２０１６年10月にＣＥ政策を発表し

「2050年にCEを100%実現する」という方針を掲げた。

その中間目標として、2030年までに国内で消費する鉱物、化石燃料、金属などの原材料の量を半減、さらに目標の実現へ向け省資源製品の推進、製品寿命の延長、資源リサイクルの3本柱で取り組むとし、大手金融機関と資金供給について協議しながら、CE政策による5万人の新規雇用を創出、70億ユーロの経済効果をもたらすといった方策を示している。

③ドイツ

ドイツはCEという概念が提示される前の資源効率（Resource Efficiency）の段階からこの問題に取り組んできた先駆者である。2016年に「ドイツ資源効率化プログラムⅡ」を公表し、2020年までに一般廃棄物のリサイクル率を65%、プラスチックのリサイクル率を大幅に拡大させる。また2030年までに建設用資材におけるリサイクル材の使用量と質も大幅に拡大。2020年までに使用済み自動車から回収する電子機器の割合を可能な限り拡大。2019年までに使用済み電気電子機器の回収率65%以上を達成、2020年までに生ゴミの分別回収量を2010年比50%増加といった数値目標を示している。さらに資源効率性の高い製品や、修理して再利用する製品について、付加価値税の税率低減策なども提示している。

④英国

EUからの離脱プロセスにある英国だが、CEに関しては現時点ではEUと共同歩調をとっている。

2018年1月に「今後25年の環境行動計画」を策定し、回収されたプラスチックの品質向上をはかるための容器包装や材料の規定を作成、拡大生産者責任を改革しプラスチックへの適用を拡大した。さらにマイクロビーズの使用禁止、プラスチック製レジ袋の有料化（5ペンス）を小規模小売店に拡大、容器包装へのリサイクルラベル貼付促進などの方針を示した。また、プラスチック、ガラス、金属製の飲料容器にデポジット制度を導入する計画も明らかにしている。

7　まとめ

EUは2015年に出した「CEパッケージ」により、加盟各国、企業、市民にCEへの取り組み加速を宣言し、2020年3月の「循環経済行動計画」で、行動の加速方針を示した。今後より強制力のある施策とするために、持続可能な製品ポリシー（Sustainable Product Policy）の法制化も進める。拘束力のある各種指令や規制により、より具体的な数値目標を示して進捗を管理する手法で、CE実現へと大きく一歩を踏み出したといえる。廃棄物の削減や製品寿命の延長、再生品の利用について、世界的にもここまで精緻に政策を設定している地域はなく、EUがCEに本気で取り組む強い意志が感じられる。またEU加盟各国も、独自の数値目標などを掲げた政策を続々と発表している。

ただ、CEを産業政策、雇用政策として見たときに、新しい産業がどれだけ生まれ、一方で旧来型の産業がどれだけ衰退するのか、さらにその中でどれだけの新規雇用が生まれ、一方で失業者が発生するのかについては、明確な方向は見えていない。CE政策で欧州が国際競争力を高められるのか。ひとつ注意しなければならないのは、CE政策は、環境と情報を両輪とした成長戦略「欧州グリーンディール」の中心的ではあるが一部に過ぎず、EUはかなり包括的な成長戦略を描いていることである。一方で、新型コロナウイルス感染症により、世界の枠組みも大きく変わると指摘されるなかで、EUのCE政策がどういう道筋をたどるのかを、今後も見続けていかなければならない。

いずれにしろ、欧州市場で事業展開を行う日本企業は、EUや加盟各国のCE政策に沿った取り組みを早急に進める必要がある。すでに欧州の主要企業は具体的な方針を相次いで表明している。欧州グリーンディールや、欧州新産業戦略、循環経済行動計画には、政府調達や経済的措置（税や補助金）の方針も示されており、なんらかの対応をしなければ、市場での競争力を大幅に損なうリスクが生じる。

さらにフランスを提案国として、ISOにCEに関する規格化作業を行うTC（専門委員会）が設置され、CEに関する国際標準の制定作業も始まった。EUが考える政策がそのまま反映されれば、日本企業にとっては、不利に働く可能性もある。こうした事態を避けるためにも、日本は政府、産業界が一体となって、CEへの政策策定を急がなければならないだろう。

補足　EU「サーキュラーエコノミーパッケージ」の内容

CEパッケージが示した取り組み方針
• 生産（製品デザイン、製造プロセス） • 消費 • 廃棄物管理 • 再生材料の活用促進（重点分野としてプラスチック、生ゴミ、建設廃材、電子機器材料、バイオマス） • イノベーションを促す投資資金、公共調達 • 進捗状況の評価・モニタリング

①生産

行動計画によって示された具体的な方針の最初に掲げられた「生産」については、製品デザインにおいて、製品の耐久性を高め、修理、アップグレード、再生をより簡易にし、リサイクル事業者にとって有価な材料や部品を回収しやすくすること求めている。特に貴重な資源であるレアアース（希土類）が含まれる電子機器について、２００５年に発効した「**エコデザイン指令**」を改訂して具体的な作業計画を策定するとしている。

また、拡大生産者責任をさらに拡大し、エコデザインに沿った製品を開発する経済的インセンティブを促す仕組みを導入、衣類・家具にも**拡大生産者責任**の適用を検討していく。

製造プロセスにおいては、EU全体で再生材料市場に関する公平な競争環境を作り出すために、EU全体で廃棄物に関する調和のとれたルールを明確にすることや、中小企業が資源を効率的に利用する便益を受けられる措置を講じることなどを規定している。

廃棄物管理の数値目標	
自治体系廃棄物	加盟国市町村の廃棄物のリユース・リサイクル率を2035年までに65%にする
容器包装廃棄物	2030年までに容器包装廃棄物の70%をリサイクルする
特定包装材	紙と段ボール85%、非鉄金属80%、アルミ60%、ガラス75%、プラスチック55%、木材30%をリサイクルする
埋め立て処分	2030年までに市町村の廃棄物の埋め立て率を10%にする

②消費

消費者がエコデザインに基づいた製品を購入できるように適切な情報を開示する方策を示している。耐久性と、修理を容易に行うためのスペアパーツの入手が確実に行えるようにすることや、製造業者による製品保証のありかた、乱立するグリーン関連ラベルの整合性をとり、いわゆる「グリーンクレーム」への対応などを求めていく。またEU消費の20%を占める公共調達において、耐久性や修理のしやすさなどCEに関連した製品を優先するグリーン公共調達を拡大させるとしている。さらに、税などの経済的手法を用いたインセンティブ策を導入することを各国に推奨している。

③廃棄物管理

廃棄物管理はCEにとって中心的な役割を果たすものとして、より詳細な記述が行われている。現状の廃棄物管理として、EU全域の廃棄物は、約40%しかリサイクルされておらず、加盟国間での取り組みは5%以下～80%までと大きなばらつきが生じている。生ゴミがそのまま埋め立てられている

図表 1-3　EU 廃棄物管理の階層（優先順位）

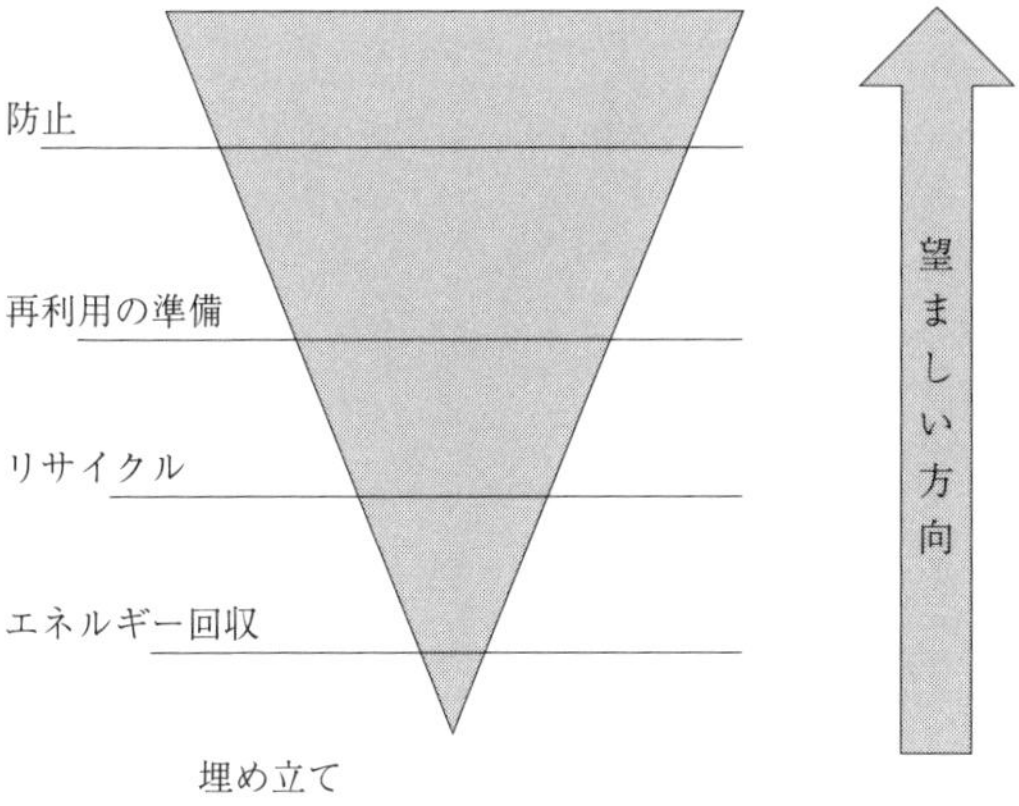

事例もあることを指摘している。

そこで、ＣＥ行動計画と両輪として推進する「廃棄物法令の改正」により、このばらつきをなくし、ＥＵ全体で廃棄物管理が前進する数値目標を示した。同法令は２０１８年７月に改定され、より具体的な数値目標が掲げられた。

【廃棄物法令の改正】

これらの目標は自治体によってはかなり高いハードルが設けられたことになる。ＥＵは、自治体が廃棄物のリサイクルの質を向上させるには収集と分別の改善が必要と指摘し、廃棄物のもととなる製品を提供した製造業者が処理費用の一部を負担する拡大生産者責任を効果的に用い、透明性や費用対効果に関する最低限の条件を提案している。

また、ＥＵは廃棄物管理の階層（優先順位）を具体的に示した。埋め立てを最下位、焼却炉によるエネルギー回収（欧州ではサーマルリサイクルはリサイクルとして位置づけない）を次に置いている。最上位は廃棄物とならない防止（Prevention）ということで、リデュースなどがこれにあたる。

第2は再利用の準備で、製品を洗浄したり、部品を交換することで再利用する**リファービッシュ**や**リマニュファクチャリング**がこれにあたり、リサイクルはその次と位置づけられている。この基本原則に従って加盟各国、自治体、企業、住民は行動することが求められる。そして焼却炉の新設計画が、上位の概念である再利用やリサイクルの活動を阻害しないように十分に配慮する必要があるとクギを刺している。

また、加盟各国ごとの地域間格差を是正するために、廃棄物管理の目標達成に資する投資に対して、総額６６００億円（約５３０億ユーロ）規模の資金を提供する方針も示した。

④再生材料の活用

再生材料の利用については、プラスチックを対策が必要な最重要素材であると指摘している。鉄やアルミなどの金属類は電気炉で鋼材を生産するといったリサイクルの仕組みが相当に構築されているのに対し、プラスチックのリサイクル率は25％未満で欧州では約50％が埋め立て処分されている。また海洋に流れ出たプラスチックは海洋汚染を引き起こしている。プラスチックは、まさにＥＵがいう一方向の経済（リニアエコノミー）にある素材であり、早急に対応を講じる必要があると認識している。

【ＥＵプラスチック戦略】

ＥＵは２０１８年１月に「ＥＵプラスチック戦略」を公表し、プラスチックをリニアエコノミーからＣＥへと一気に引き上げる方策を示した。

ＥＵはプラスチック戦略の策定とともに、再生プラスチック市場を拡大させるためには、再生プラスチックが一定の品質を確保して、ユーザーが安心して使えることが重要と指摘し、欧州標準化

EU プラスチック戦略の概要

- 2030 年までにすべての容器包装をリユース・リサイクル可能にする
  - ・より良い分別回収システムの構築
  - ・製品への再生材使用比率を高める
  - ・エコデザインを促進する
- プラスチック廃棄物の削減
  - ・使い捨てプラスチックや漁具などでの意識向上キャンペーンを展開
  - ・製品中のマイクロプラスチックの使用を制限する
- 海洋ゴミの削減
  - ・海上でのゴミ投棄を禁止
  - ・港で海上ゴミ受け入れ施設に関する新しい規則を制定
- 投資とイノベーションの拡大
  - ・プラスチック廃棄物を最小限に抑える方法に関するガイダンスの提供
  - ・リサイクル可能なプラスチック材料の開発やリサイクルプロセスの効率化
  - ・有害物質・汚染物質の除去技術に１億ユーロを追加投資
- 国際的な行動
  - ・多国間イニシアティブの支援
  - ・協調ファンドの組成
  - ・国際標準の開発

委員会や産業界と協力して、分別されたプラスチック廃棄物および再生プラスチックの品質基準を策定するとしている。

また、生分解性プラスチックについて「特定の条件下でのみ分解し、特別な設備を必要とする。リサイクル品や再生材料の品質を劣化させる可能性がある。さらに海洋では劣化するのに何十年もかかることがある」として、既存のプラスチックの代替品としての利用には懐疑的な姿勢を示していることも注目される。

欧州の大手製造業は、戦略に基づいて自社の再生材利用への自主的目標「プラスチックの誓い」を相次いで表明している。

【生ゴミ】

生ゴミに関しては、食品廃棄物を半減させることが国連の持続可能な開発目標（SDGs）で示されている。EUはこの方針に沿って、各国でバラバラな食品廃棄物の測定方法を統一化するとしている。同時に食品のサプライチェーンを見直して、フードロスとなる機会を減らすとともに、賞味期限と消費期限の表記を明確化することを求め、また、大手小売店にはNPO法人などが展開する「フードバンク」への食料寄付を義務づけることとしている。

【電子機器】

EUは電子機器に使われるレアアースやレアメタルなどを「重要原材料（Critical Raw Metal）」

として、機器からの回収率向上を強制的な目標を含めて実行している。こうした重要原材料は産出国が偏在し、安定供給に不安があることや、鉱山などでの採掘作業の中で、深刻な環境汚染が引き起こされるリスクがあることなどを挙げ、機器からの回収率を高めるための背景として挙げている。回収率を高める施策としては、現状では製造業者とリサイクル業者との間での十分な情報交換、リサイクルに関する基準、再生された材料の経済的価値に関する情報が不足しているとして、優良事例（ベストプラクティス）の報告書を作成して取り組みの加速を支援するとしている。

⑤イノベーションを促す投資資金、公共調達

ＥＵ委員会はＣＥ政策を実現するためには、イノベーションが不可欠であると認識している。このため、ＥＵ全体のイノベーション政策である「Horizon 2020」の中でも、気候変動への対応や、産業やサービスのデジタル化と並列して、ＣＥ産業の構築が盛り込まれている。研究開発から技術開発、生産プロセス、サービス化へと一連の取り組みが円滑に進むように、資金や利害関係者の調整、規制緩和などをセットで進めていくとしている。

さらに、ＣＥと産業競争力強化に結びつく革新的な実証実験に対して、6億5000万ユーロ以上を供与するとしている。また、欧州戦略投資基金（ＥＦＳＩ）や欧州投資銀行（ＥＩＢ）が、ＣＥ型ビジネスの実現に向け、リスクのある投資に対して資金提供や信用保証を行うスキームも提供している。

またＣＥの中で中小企業は修理・メンテナンスやリサイクルなどで重要な役割を果たす存在であ

図表 1-4　EU 委員会の CE モニタリングの進捗状況

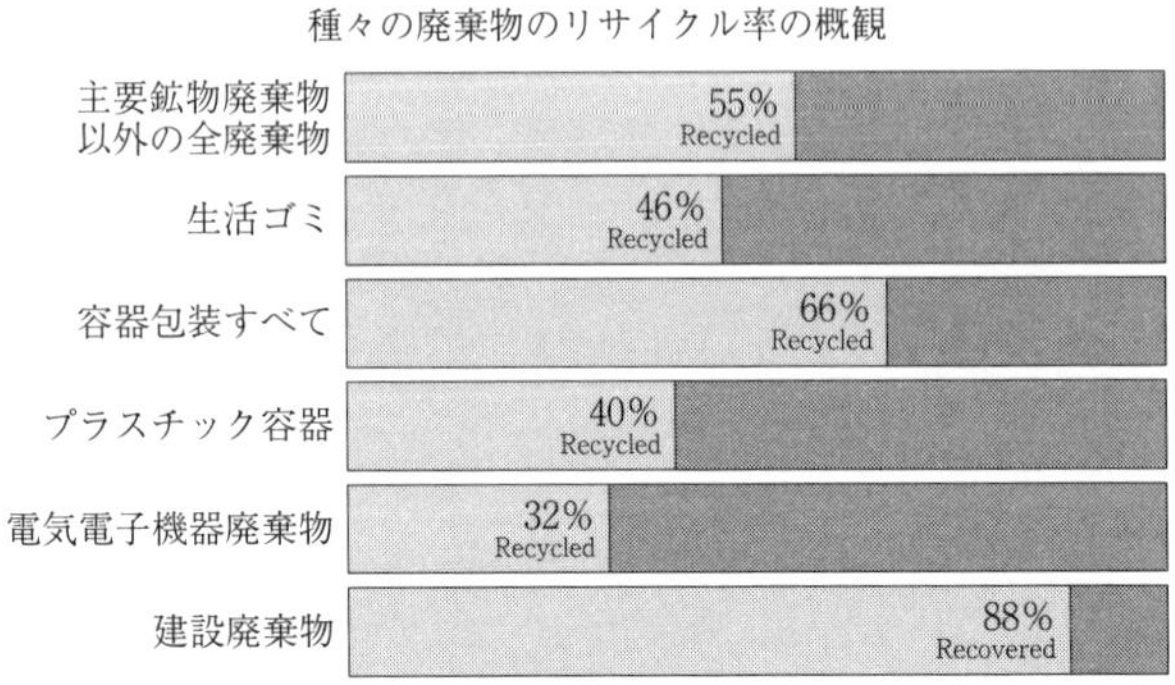

（出所）　https://eur-lex.europa.eu/legal-content/EN/TXT/?qid=1516265440535&uri=COM:2018:29:FIN

ることから、特に手厚い支援策を講じるとしている。例えばCE関連ビジネスに必要なスキルを獲得するための教育訓練システムの提供などを通じて、新しい市場での雇用が円滑に進むよう支援するとしている。

⑥進捗状況の評価・モニタリング

EUは立案した政策が実行に移されている状況を常にモニタリングする制度を設けている。これにより、政策の課題を見つけ出し、課題を修正して実行へと結びつけるPDCAサイクルが回る仕組みとなっている。CEに関しては、まず現状として、原材料が投入されて製品となり、リサイクルされ、最終的に廃棄されるまでをマテリアルフローとして視覚的に示す取り組みが行われている。

2014年時点で年間80億トンの原材料がエネルギーや製品に加工されているが、そのうちリサイクル材由来のものはわずか6億トンに過ぎない。22億トン発生する廃棄物のうちリサイクルされるのは6億トンのみで、残りの15億トン強は再利用されることなく廃棄されている状況となっている。

これを今後CEへと転換させていくために、CEパッケージの行動計画に基づいて、モニタリングする10の指標を設け、加盟各国の取り組みを数値で把握していく。

EU委員会は2018年に10の指標のモニタリングに関する最初の調査結果を公表した。それによると、生産と消費に関しては、廃棄物の発生量が都心部で増加しているほか、加盟国間での取り組みに格差が生じている、としている。リサイクル材料の再利用については、供給能力は全材料需要の30％以上に拡大しているものの、実際の利用は約10％に留まっていると指摘している。

今後もモニタリングを継続するとともに、データは一般にも公表し、CEへの移行がどのようになされているかを傾向として把握し、それを、対策に取り組む関係者で共有するために活用するとしている。

参照資料

・EUのCEパッケージ（2015年12月）
https://eur-lex.europa.EU/legal-content/EN/TXT/?uri=CELEX:52015DC0614
・EUのプラスチック戦略（2018年1月）
http://europa.EU/rapid/press-release_IP-18-5_en.htm

ＥＵの新たな循環経済行動計画（Circular Economy Action Plan）

https://eur-lex.europa.eu/legal-content/EN/TXT/?qid=1583933814386&uri=COM:2020:98:FIN

ＥＵ委員会は２０２０年３月11日に、ＥＵの新たな循環経済行動計画（Circular Economy Action Plan）を発表した。その概要を紹介する。

1　序章

地球はひとつしかないのに、世界は地球が３つあるように消費している。バイオマスや化石燃料、金属、鉱物などの消費が今後40年間で２倍になり、廃棄物の発生量も２０５０年までに70％増加すると予想されている。

温室効果ガスの排出量の半分は資源の採取と加工による。サーキュラーエコノミーを経済の主流に昇格させることで、２０５０年までに気候中立性と経済成長、資源利用のデカップリングを達成し、長期的な競争力を確保する。

そのために、ＥＵは地球から取得する以上のモノを地球に還元するモデルへの移行を加速し、将来的に資源の消費量を削減し、循環資源の使用率を今後10年で倍増させる。

事業活動においても、持続可能な製品づくりの仕組みをつくり上げることで、ＥＵ内外での新たなビジネス戦略を構築できる。ＥＵの産業戦略にとって不可欠であり、後戻りさせるべきではないものである。

ＥＵ経済全体にサーキュラーエコノミーを普及させることで、２０３０年までにＥＵの域内総生産（Ｇ

DP）を、0・5%上積みさせ、約70万人の新規雇用を創出できると試算されている。サーキュラーエコノミーはEUの産業基盤を強化でき、中小企業の育成にも結びつけられる。IoT（モノのインターネット）やビッグデータ、ブロックチェーン、人工知能といったデジタル技術による革新的な事業モデルは、資源循環の加速だけでなく、欧州の主要原料への依存度を軽減させる。

今回の新たな循環経済行動計画は、2015年以降に取り組まれた行動をもとに、欧州グリーンディールで求められている変革を加速させることを目的としている。規制を持続可能な将来に適合する合理的なものとし、市民や企業の負担を最小限に抑えながら、新たな成長を最大化するものである。

持続可能な製品、サービス、ビジネスモデルをルール化する、強力で一貫性のある政策を立案し、廃棄物を発生させない消費行動に変革させていく。

欧州が単独で行動しても変革を達成することはできない。世界規模でサーキュラーエコノミーの普及をリードし続け、国連の持続可能な開発目標（SDGs）の実施にも活用していく。

2 持続可能な製品政策の枠組み

2・1 持続可能な製品の開発・設計

製品が環境に及ぼす影響のうち80%は設計段階で決定されている。資源を投入し、生産し、使用して、廃棄するという直線的なパターンでは、製造者に循環させるためのインセンティブが与えられていない。大半の製品は1回の使用を前提にしており、再利用、修理、リサイクルができない。

EUの指針や法律はこれまでも、製品の持続可能性について、強制的または目標として示されており、ある程度は実行されている。特に「エコデザイン指令」は、エネルギー効率とエネルギー関連製品の一部の循環性について成功している。同時に「EUエコラベル」や「EUグリーン調達（GPP）基準」などは、まだまだ影響力が少ない。

気候変動に左右されず、資源効率が高く、サーキュラーエコノミーに適合した製品をつくり、廃棄物を削減し、持続可能性のある先進企業の活動が標準となっていくよう、EU委員会は持続可能な製品政策についての、法制度化を提案する。

法律の中核となるのは、エコデザイン指令をエネルギー関連製品以外にも拡大し、可能な限り幅広い製品に適用させることにある。また、必要に応じて関連法案も提案する。

EU委員会は持続可能性の原則を確立し、次の項目について規制の方法を検討する。

- 製品の耐久性、再利用性、機能向上性、修理可能性を高め、有害化学物質の含有についての対応、エネルギー効率と資源効率の向上をはかる。
- 製品の性能と安全性を確保し、リサイクル率を高める。
- 再製造と高品質リサイクルを可能にする。
- 炭素と環境のフットプリントの削減。
- 1回のみの使用を制限し、耐久性を高める。
- 売れ残り製品の廃棄禁止を導入。
- 製造者が製品のライフサイクル全体について責任を負う。製品をサービスとして提供するビジネスモデルにインセンティブを与える。
- 製品情報のデジタル化を推進する。デジタルパスポート、ICタグ、電子透かしなど。

・多様な持続可能性に向けた取り組みについて、製品を評価する仕組み。
電子機器、ＩＣＴ、繊維製品に加え、家具、鉄鋼、セメント、化学薬品などの製品群について優先的に取り組む。

ＥＵ委員会は法制化にあたり、エコデザイン指令の見直しとＥＵエコラベル規則、環境フットプリント指針、ＥＵＧＰＰ基準による規制との整合性をとって進めていく。同時にＥＵ委員会は、バリューチェーンや製品情報に関する欧州共通のデータベースの構築や、各国当局と協力した検査と監視活動により、域内市場に流通する製品の規制順守について、取り組みを強化する。

２・２　消費者と公共調達に力を与える

ＥＵ委員会は消費者が製品の寿命や修理サービス、部品の交換、修理マニュアルなどの情報を製品の販売時点で確実に受け取ることができるようにするため、消費者法の改正を提案する。

また、新たに「修理をする権利」を確立させる。例えば交換部品の入手の可能性や、修理のしやすさ、ＩＣＴや電子機器のアップグレードサービスのしやすさなど、消費者のための権利の創設を検討する。欧州指令「２０１９／７７１」の改正に取り組む。

一方、製造業が製品の耐久性やリサイクル性、リサイクル原料の含有量などの製品と環境に関する情報を盛り込むためのＥＵエコラベル基準も改定する。

公共部門の購買はＥＵのＧＤＰの14％を占め、持続可能な製品の需要を牽引する役割がある。ＥＵ委員会は部門別の法律で、グリーンＧＰＰの最低義務基準と目標を提案し、取り組み状況の報告を義務づける仕組みを段階的に実施する。

2・3　生産段階の循環性

バリューチェーンや生産プロセス全体で、CEに取り組むことで、大幅な省資源と新たな価値を生み出し、経済成長の機会を創出する。具体的な取り組みを次に示す。

- 「産業廃棄物指令」の改正において、循環性を促進するための取り組みを評価する仕組みを追加。
- 産業界が主導するかたちで、報告・認証システムを開発する。
- 「バイオエコノミー行動計画」を促進。
- 資源の追跡、マッピングなどへのデジタル利用の促進。
- EU環境技術認証制度への登録。

3　主要製品のバリューチェーン

3・1　電子機器とICT

電気・電子機器の廃棄物は年率2％増加している。現状でのリサイクル率は40％未満と推定される。また、修理できない、電池交換ができない、ソフトウエアのサポートがされなくなる、部品の中の材料が回収されないなどの状態が発生している。欧州の人々の3人に2人は性能に大きな違いがなければ、現在使用しているデジタル機器を長く使い続けたいと希望している。

EU委員会は「サーキュラー・エレクトロニクス・イニシアティブ」を公表する予定で、次のような取り組みを求めている。

- エコデザイン指令に基づく携帯電話、タブレット端末、ラップトップ端末を含む電子機器とICTに対する規制を導入し、エネルギー効率と耐久性、修理のしやすさ、アップグレード、メンテナンス性、再利用、リサイクルなどに配慮した設計を行う。プリンターやそのカートリッジなどの消耗品も、自主的な合意ができなければ対象となる可能性がある。
- ソフトウエアを更新する権利について、電子機器とICTを優先的に取り扱う。
- 充電器の共通化、充電ケーブルの耐久性向上、充電器の購入と新たなデバイスの購入を切り離せるような規制を導入。
- 中古の携帯電話、タブレット端末、充電器の返却や売却のためのEU全域での引き取り制度の検討。
- 電気・電子機器に含まれる有害物質の規制に関するEU指令を改正し、REACHやエコデザインなどの関連法との整合性をとる。

3・2 バッテリーと自動車

電気自動車に搭載する電池のバリューチェーンを持続可能性の高いものとするため、EU委員会は2020年に、電池に関する新たな規制を提案する方針。既存のバッテリー指令と電池業界の活動について、次のような要素を考慮する。
- すべての電池の回収率とリサイクル率を向上させるルールの確立。貴重な材料の回収を確実に実施し、消費者に手引きを提供する。
- 代替品の存在を前提に、非充電式電池の使用を段階的に削減する。
- 電池の製造段階のカーボンフットプリント、原材料の適切な調達、安定供給、再利用、リサイクル、他用途への転換などについて、電池の持続可能性と透明性についての要件の提示。

ＥＵ委員会は設計段階から廃棄自動車の解体を想定することや、部品材料へのリサイクル材の使用率の開示の義務化、リサイクル率の向上など、自動車全体のＣＥ型のビジネスモデルを促進するため、使用済み自動車に関する法改正を提案する方針。さらに次期「持続可能でスマートなモビリティに関する欧州の包括的戦略」において、製品をサービスとして提供する手法を促進し、バージン材の使用量の削減と代替輸送燃料の使用、搭乗者数と積載率の効率化などにより、廃棄物と汚染の排除を進めるとしている。

３・３　容器包装

欧州の容器包装廃棄物は２０１７年に一人当たり１７３キログラムと、過去最高を記録した。２０３０年までにＥＵ全域の容器包装材を、経済的に実行可能なやりかたで再利用、リサイクルさせる。ＥＵ委員会は包装廃棄物に関する指令「94／62／ＥＣ」を改定する。そのための必須事項を次に示す。

- 過剰な包装、包装廃棄物の削減への目標の設定。
- 代替品の使用を前提に、消費財への包装材料の使用制限を検討。包装材の再利用とリサイクルのための設計の推進。
- 包装原料に用いる素材の数と化合物の削減。

ＥＵ委員会は、ＰＥＴ樹脂以外の食品用プラスチック材料を安全にリサイクルするための規制を策定する。また、公共の場で提供される水道水を飲用可能にするための飲料水指令を厳格に実施し、ボトル入りの水への依存度を引き下げ、包装廃棄物の発生を抑制する。

3・4　プラスチック

EUは「循環経済におけるプラスチック戦略」により、プラスチックへの包括的な取り組みを進めているが、プラスチックの消費量は今後20年で倍増すると予想される。このため、さらに的を絞った対策を講じるとともに、世界規模のプラスチック汚染にも取り組んでいく。

再生プラスチックの利用を増やし、より持続可能な利用を進めるために、EU委員会は包装材、建設資材、自動車などの主要製品について、再生プラスチックの使用量と廃棄物削減についての義務化を提案する。

マイクロプラスチックへの対応について、次に示す。

- 意図的に添加するマイクロプラスチックを制限。
- 製品のライフサイクルすべての段階におけるマイクロプラスチックの意図しない放出に関する表示、標準化、認証、規制措置を検討する。
- 意図せずに放出されたマイクロプラスチック（タイヤや繊維製品など）の測定方法を開発し、海洋中のマイクロプラスチックの濃度データを提供する。
- 環境、飲料水、食品中のマイクロプラスチックのリスク情報を提供し、科学的知見との乖離をうめる。

生分解性プラスチックへの課題について

- 植物由来原料の使用が化石資源の使用量削減だけでなく、真の環境面への利益を提供できているかという評価に基づく調達、表示、使用のありかたの検討。
- 生分解性または堆肥化可能なプラスチック材料の環境への影響について。消費者が安易に廃棄するといったミスリードを起こさせない手法の検討。

シングルユースプラスチック製品と漁具に関する指令
・指令が網羅する製品の整合性。
・たばこ、飲料カップ、ウエットティッシュなどについて、製品にラベル表示をし、キャップが本体からはずれないようひも付けする。
・製品中のリサイクル含有量の測定ルールを開発する。

3・5 繊維製品

世界の繊維製品のうち、リサイクルされているのは1％未満となっている。EUでプロデュースする衣料品の中で、EU域外で生産される割合は金額ベースで60％である。繊維製品のバリューチェーンは複雑だが、産業界や他の利害関係者の意見を聞きながら、繊維製品に関する包括的なEU戦略を提案する。この戦略は、繊維産業の競争力とイノベーションの促進、繊維のリユース市場創設などにより、循環型の繊維製品のEU市場の拡大、新しいビジネスモデルの推進をはかるものである。
・第2章の新しい持続可能な製品の枠組みを繊維製品に適用し、エコデザイン対策を策定する。2次原材料の利用や有害物質の明示。企業や個人が持続可能な繊維製品を選択し、再利用や修理を受けられる仕組みづくり。
・製品をサービスとして提供するビジネスモデルの提供、循環型素材や生産プロセスへのインセンティブの付与。
・2025年までに加盟国が繊維廃棄物の高レベルの分別回収を達成するための、指針の提供。
・繊維製品の選別、再利用、リサイクルを促進するためのイノベーション、産業利用。拡大生産者責任の適用。

3・6　建築・建物

建設部門の廃棄物はEU全体の35%を占めている。建設資材の生産、建設、改装などからの温室効果ガスの排出量は、総排出量の5~12%と推定される。材料効率の向上により、温室効果ガス排出量の80%を削減できる可能性がある。

EU委員会は建築と環境のための新たな包括的戦略を策定する方針。この戦略により、気候、エネルギー、資源効率、建設・解体廃棄物の管理、デジタル化、技能向上など関連分野の政策の横断的な取り組みを確保する。

- 安全性と機能性を配慮しながら、リサイクル材の使用の可能性を検討。
- 建築物の耐久性と適応性向上への対策を促進するため、デジタルログブックを開発する。
- 建設・解体廃棄物の分別回収目標の改定を検討。
- 汚染土壌の再生、掘削された土の安全で持続可能な循環利用促進。

欧州グリーンディールで公表されたエネルギー効率の大幅な改善と循環利用の原則に沿って、建物の長寿命化への取り組みが進められる。また、建設・解体廃棄物の回収目標の見直しの中で、断熱材に特に注意を払う。

3・7　食品と水、栄養素

EUで生産される食品全体の20%が廃棄されていると推定されている。EU委員会は食品バリューチェーンを包括的に見直し、新たな食品廃棄物削減の目標を提案する方針。また、外食産業における包装材、食器、カトラリーについて、再利用可能な製品への置き換えに関する法整備に向けた分析作業に着手する。

水利用についても、農業分野、工業分野における水の再利用を奨励する。

4　廃棄物削減と価値の増大

4・1　廃棄物の防止と循環促進への政策の拡大

EU全域のすべての経済活動から発生する廃棄物は年間25億トン、国民1人当たり5トンに達する。廃棄物発生量を経済成長から切り離すには、すべての家庭を含めたバリューチェーンにおける取り組みへの努力が不可欠である。

持続可能な製品ごとの政策を策定し、それを法制化することが、廃棄物防止を前進させるカギとなる。さらに今後廃棄物に関する法律をより強力なものとし、実装していく。

EUの廃棄物法は、廃棄物管理の大幅な改善に寄与してきたが、これをサーキュラーエコノミーとデジタル時代に適合するように向上させていく必要がある。電池、容器包装、使用済み自動車、電子機器に含まれる有害物質に関する法改正により、廃棄物を防止し、リサイクル材料の使用率を高め、より安全でクリーンな廃棄物の流通の確保、高品質なリサイクルの確立を果たす。

拡大生産者責任のスキームをもとに、廃棄物のリサイクルに関する情報や優良事例の共有を促す。一連の取り組みにより、２０３０年までに家庭由来廃棄物の残存量半減を目指す。

質の高いリサイクルには、廃棄物の効率的な分別収集が重要である。都市部から地方まで、地域の状況を踏まえた分別収集モデルを提案する。また消費者が取り組みやすいように、瓶の色や製品ラベル、表示方法、経済的な手法なども検討する。また、食品容器について、回収の品質向上をはかるために、標準化と品質管理システムの実施を求めていく。

ＥＵ加盟国の半分は、２０２０年に家庭由来廃棄物を50％リサイクルするという目標を達成できていない。政策の推進のために、必要な資金の活用などについて、加盟国、地域、都市との協力を強化するとともに、必要に応じてＥＵ委員会の強制力も行使していく。

４・２　無毒な環境と循環性

ＥＵは、化学物質規制（ＲＥＡＣＨ）などの法律により、有害物質を削減し安全に設計された化学物質への移行を進めている。リサイクル材料に禁止物質が残留していると、再利用時の安全性が損なわれる可能性がある。ＥＵ委員会は次のような方針を示している。

- 廃棄物から汚染物質を高品質に選別する解決策の開発を支援。
- リサイクル材料や製品に含まれる健康や環境に影響を及ぼす物質を最小限にする手法の開発。
- 危険性の高い物質や回収に技術的な問題を引き起こす物質などに関する追跡・管理システムの開発で、産業界と協力する。
- 残留性有機汚染物質に関する国際条約（ＰＯＰｓ条約）の付属文書改定を提案。
- 化学物質と混合物の分類。

4・3　再生材市場の効果的な創出

再生材料は安全性だけでなく、性能、供給力、価格などにより、バージン原料との競合で多くの課題を抱えている。製品中の再生材使用率の要件を定めることは、再生材の需要と供給のミスマッチを防止し、リサイクルの円滑な拡大をはかることに貢献する。再生材の市場創出へ、欧州委員会は次のことに取り組む。

- 加盟各国ごとの廃棄物最終処分状況と製品ごとの規制の適応状況を監視し、EU全体の廃棄物最終処分の拡大を評価する。各国の基準を調和させるために、国境を越えた取り組みを支援する。
- 国別、欧州、国際レベルの標準化作業を評価し、適用を拡大させていく。
- 危険性の高い材料の使用について、国境管理を継続し、タイムリーに利用する。
- 主要な再生材市場の監視機関の設置を検討。

4・4　廃棄物輸出への対応

過去10年間で、何百万トンもの廃棄物が、適切な処理をさせることなく、EUから域外に輸出されてきた。それらは輸出先の国の環境や健康に悪影響を及ぼしてきた。一部の国が、廃棄物の輸入規制を導入したことが、EUが外国に廃棄物処理を依存してきたことを明らかにしたが、同時にEUにおける廃棄物の処理能力の向上や廃棄物に付加価値を与えるリサイクル産業の動員に寄与している。

EU委員会は、廃棄物の違法な輸出が依然として発生していることを踏まえ、廃棄物の第三国への輸出を禁止する措置を講じる。製品設計、再生材の品質、安全性の向上、市場の拡大を通じて「EUでリサイクルされた」ものであることを、高品質のベンチマークとしていく。

ＥＵ委員会は不法輸出と不法取引における環境犯罪に対抗するため、廃棄物の出荷規制の強化や、廃棄物管理における多国間、地域、二国間での取り組みを支援する。

５　人、地域、都市のための循環型産業の形成

２０１２年から２０１８年の間に、ＥＵにおけるサーキュラーエコノミーに関連した雇用者は５％増加の約４００万人となった。サーキュラーエコノミーは、労働者が必要とされる技能を身につければ、雇用創出に良い成果をもたらす。

ＥＵ委員会は技能向上のための要項の更新や幅広い利害関係者の連携による協定を設ける。欧州社会基金プラスのもとで、教育訓練や生涯学習、社会イノベーションへの投資を行う。

６　分野横断的行動

６・１　気候中立性と循環性

気候変動の中立性を達成するためには、循環性と温室効果ガス排出削減の相乗効果をさらに高める必要がある。ＥＵ委員会は次のような取り組みを実施する。

- 循環性が気候変動の緩和と適応に与える影響を体系的に測定する手法を検証する。
- 温室効果ガス排出削減におけるサーキュラーエコノミーのメリットを確認するためのモデル化ツールの改善。
- 今後のエネルギー・気候計画の改定において、循環性の役割を強力に促進する。

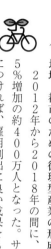

6・2　経済への適用

持続可能な生産と消費に誘導するための資金調達が必要で、EU委員会はサーキュラーエコノミーにおける目標の統合や、金融商品のエコラベル基準に関する準備作業を進めている。

- 非財務報告指令の今後の見直しにおいて、企業の環境データの開示を強化。
- 環境・エネルギー分野における国家支援ガイドラインの改訂に、サーキュラーエコノミーに関連した目標を反映させる。
- 廃棄物埋め立て税や焼却税などの適用を奨励し、各国が付加価値税を使用して、修理サービスを対象とした活動を促進できるようにする。

6・3　研究開発の加速

欧州企業が、サーキュラーイノベーションを進めるために、欧州地域開発基金などを通じて、開発の加速を支援する。欧州のイノベーション戦略であるホライゾン・ヨーロッパは、特にデジタルツールの役割を重視し、化学物質のリサイクルの可能性探索のための指標やデータの開発、新素材や製品開発、有害物質の代替や除去、新たなビジネスモデルなどの開発を支援する。

欧州イノベーション・技術研究所は、大学や研究機関、大企業や中小企業などによるサーキュラーエコノミーに関するイノベーションの取り組みの調整役を果たす。

知的財産がサーキュラーエコノミーにおける新しいビジネスモデル出現を可能とする重要な要素となるよう、知的財産戦略を提案する。

7　世界規模の取り組みを先導する

気候変動の中立化と、資源効率の高いサーキュラーエコノミーへの世界的な移行が進んだときに、EUは成功したといえる。

EU加盟国、近隣国、新興国や主要なパートナー国にとっても新しい持続可能なモデルは、欧州の経済関係者との関係を強固にし、ビジネスや雇用に新たな機会を与える。

- 欧州プラスチック戦略を構築し、世界的な合意形成を主導する。
- 世界間の知識や統治のギャップを特定し、連携による取り組みを加速するために「グローバル・サーキュラーエコノミー・アライアンス」の創設を提案。
- 天然資源の管理に関する国際協定の議論開始を検討。
- アフリカとの強固な連携関係を構築する。
- アウトリーチ活動を強化し、世界的なサーキュラーエコノミーのための調整と共同取り組みを強化する。

8　モニタリング

EU委員会は各国のサーキュラーエコノミーへの移行に関する計画と対策への監視を強化する。また、モニタリングの枠組みも一新し、新たな指標は、今回の行動計画の重点分野と、サーキュラーエコノミー、気候中立性、汚染ゼロなどとの相互関係を配慮したものとする。生産や消費傾向に関連した物質の消費と環境への影響を考慮した資源利用に関する指標を開発する。

9　おわりに

サーキュラーエコノミーへの移行は、体系的で深みがあり変革的なものとなる。時として破壊的なものともなるため、公平さが必然となる。ＥＵ、各国、地域、地方、世界など、あらゆるステークホルダーとの連携と協力が必要になる。

そのため、ＥＵ委員会は、ＥＵの機関や組織が行動計画を支持し、実施に貢献することを求める。加盟国に対しても、サーキュラーエコノミーによる国家戦略、計画、政策の採択や刷新を奨励する。欧州の将来に関する議論や市民対話のレギュラーテーマに、サーキュラーエコノミーを含めることを薦める。

循環行動計画に基づく取り組みスケジュール

https://ec.europa.eu/environment/circular-economy/pdf/new_circular_economy_action_plan_annex.pdf

◆持続可能な製品政策枠組み

持続可能な製品政策のための立法案	２０２１年
消費者のためのグリーン化立法案	２０２０年
「修理する権利」確立のための立法化、非立法化措置	２０２１年
グリーンクレームの立証に関する立法案	２０２０年

義務的なグリーン公共調達（GPP）基準と目標、分野別の法律とGPPに関する報告	2021年時点
産業排出量指令の見直し	2021年時点
業界主導による認証システムの開始	2022年

◆製品別バリューチェーン

電機製品の循環、充電器や中古製品の返却システム	2020／2021年
電気電子機器の特定有害物の使用制限に関する指令のレビュー、REACHおよびエコデザイン指令との関連	2021年
バッテリーの新たな規制枠組み提案	2020年
使用済み自動車に関する規制の見直し	2021年
廃油の適切な処理に関する規則の見直し	2022年
容器包装に関する性能と過剰包装と包装廃棄物の削減	2021年
容器包装、建設、車両分野の再生プラスチック材の使用割合と廃プラスチック削減対策の義務づけ	2021／2022年

意図的に添加したマイクロプラスチックの制限と、マイクロプラスチックの意図しない放出	２０２１年
植物由来プラスチックと生分解性・堆肥化可能プラスチックの政策枠組み	２０２１年
ＥＵの繊維戦略	２０２１年
持続可能な建設環境に関する戦略	２０２１年
食品における使い捨て容器、食器、カトラリーの再利用に関するイニシアティブ	２０２１年

◆**廃棄物の削減の再資源化**

廃棄物削減目標と発生防止	２０２２年
廃棄物の分別収集と表示のためのＥＵ全体の調和モデル	２０２２年
リサイクル材における懸念材料の追跡と最小化手法	２０２１年
懸念材料に関する調和した伝達システム	２０２１年
ＥＵ全体での廃棄物と副産物の今後の開発方針	２０２１年
廃棄物輸送に関する規則の改正	２０２１年

◆市民、地域、都市のためのＣＥ型業務

サーキュラーエコノミーの移行を支援するスキル向上策、次期行動計画、欧州社会基金のための協定	２０２０年時点
結束政策基金によるサーキュラーエコノミー移行の支援、公正な移行メカニズムと都市の取り組み	２０２０年時点

◆横断的行動

ＥＵおよび各国のサーキュラーエコノミーと気候変動緩和との相乗効果を獲得するための測定、モデリング、政策ツールの改善	２０２０年時点
炭素除去の認証に関する規制枠組み	２０２３年
環境とエネルギー分野の国家援助に関するガイドラインの改訂にサーキュラーエコノミー目標を反映	２０２１年
非財務報告、持続可能な企業統治、環境会計に関する規則の文脈に、サーキュラーエコノミー目標を主要課題とする	２０２０／２０２１年

◆グローバルにおける主導的取り組み

プラスチックに関する世界的な合意形成への主導的な取り組み	２０２０年時点

グローバル　サーキュラエコノミー　アライアンス発足の提案と、天然資源の管理に関する国際協定への議論の開始	２０２１年時点
自由貿易協定、二国間、地域・多国間連携協定およびＥＵ対外政策基金におけるサーキュラーエコノミー目標の主流化	２０２０年時点

◆**進捗のモニタリング**

政策の優先順位や資源利用に関する指標を開発し、サーキュラーエコノミーモニタリングのフレームワークを更新	２０２１年

第2章

サーキュラーエコノミーは、いまどうなっているのか——欧州の事例を中心に

喜多川和典
梅田　靖

1　全体動向

ＥＵにおけるＣＥ政策は、ＥＵがこれまで拡大生産者責任などの政策手法を用い、経済活動における環境対応を進めてきたものをさらに包括的なレベルへと発展させ、環境と経済をより強固に融合させるために打ち出した政策だ。したがって、そこにおける政策は、従来の３Ｒを超え、資源消費に依存しない経済活動へと転換させることを狙っている。

そこにおける主要な経済政策には、ひとつは総合的な環境インフラストラクチャーを民間ベースで実現させるとともに、総合的な環境サービス業をＥＵ内に限らず、グローバルレベルで成長・発展させる政策が、まずある。さらに、もうひとつは環境目的のサービスではない事業であっても、モノを売り切るのではなく、製品のリユースを推進させ、一定のルール・規格の下で機能や価値を取引・交換するようなビジネスモデルの開発・実施に重点を置く政策がある。

ＣＥにおける政策は、広範囲かつ多岐にわたるため、これら以外の政策・戦略も多数あるが、われわれの経済・産業との関わりから、特に影響があるものを考えると、この2点がＣＥ政策の流れとして捉えておくべきものであると考えられる。前者に関しては、新たな戦略的政策のもと、欧州の環境廃棄物業界を一層発展させ、グローバル規模で市場競争力のある産業へと育成させたいとする戦略が、ＣＥ政策に含まれているものと見える。

２つ目の重要なＣＥ政策の狙いは、循環型でなおかつ経済的にも優れたビジネスモデルの開発と発展だ。ここでの「循環型」が意味するのは、リサイクルではなく主にリユースだが、それには使用中のメンテナンス、リペアや一次使用後のリファービッシュ、リマニュファクチャリング、アップグレード、他の使用目的への転用なども含まれる。すなわち、製品および部品に残された残存価値を壊すことなく、最大限活用し、より資源効率性の優れたビジネスを実施することが重視されるのだ。

しかしながら、このようなビジネスモデルは、従来式の売り切り型ビジネスのままでは、生産者・事業者からユーザーに所有権が移ってしまうため、実現性に乏しい面がある。そこで製品の機能・価値をサービス化して提供するビジネスモデルへと転換することがひとつの要点となる。この手法を用いれば、生産者あるいはサービス事業者の下で製品が常時管理されるため、製品ライフサイクルを長期にわたり継続的に管理することの実行可能性が高まる。それと同時に、それらの取り組みが製品の機能・価値を提供するコストの低減にもつながり、ビジネスモデルの競争力向上にも寄与する可能性が出てくる。

さらに、このような製品の機能・価値をユーザーが必要とするとき、必要なだけ提供するためのコネクティビティ・マッチングを、リアルタイムで実現する情報技術と組み合わせることにより、製品の稼働率を高め一定量の消費者需要に対して、より少ない資源量・製品数で供給・調達できるビジネスを創出することが可能となる。

このようなビジネスモデルは、情報技術をベースとしたデジタルプラットフォーム上において、リース、レンタル、シェア、サブスクリプションなどの形態で実行されると考えられる。ＣＥではこれらのビジネスモデルに対しても、製品・部品の長寿命化、リユース型再生がなされた後の製品の安全性確保・製品保証、製品・部品・素材のサプライチェーン・バリューチェーンの適正な管理に関わる規格・ルール・法規制も対象課題となってくるだろう。

このようなビジネスモデルの開発と発展は、短期に完成できるものではない。したがって、徐々により完成度の高いビジネスモデルへと発展させていくプロセスを提示していくこともCE政策の重要な課題であると言える。

以上述べた2点が、CE政策が産業およびビジネスに与える影響として最も重要な分野であると考える。しかし最近、CEに関わる新たな動きとして注目されているのが、海洋をはじめとする環境汚染問題の深刻なプラスチックと、CEのビジネスを支える規格・ルール作りに関わる国際標準化の動向だ。したがって本章では、以下にこれら2つの動きについて詳しく述べていく。

2　標準化動向

CEに関して、ISO（International Organization for Standardization）において新規TC（technical committee）設置に関するフランス規格協会（AFNOR）からの提案が、2018年6月26日付でなされた。新規TC設置の是非に関する投票は同年9月18日に締め切られ、各国による投票の結果、賛成多数で可決され、CEに関する専門委員会（ISO／TC323）の設置が決定した。

想定される新規格には、主に以下のものが挙げられている。まず「CEに関する枠組み、用語の

図表 2-1　AFNOR の ISO/TC 設置に関わる提案書の表紙

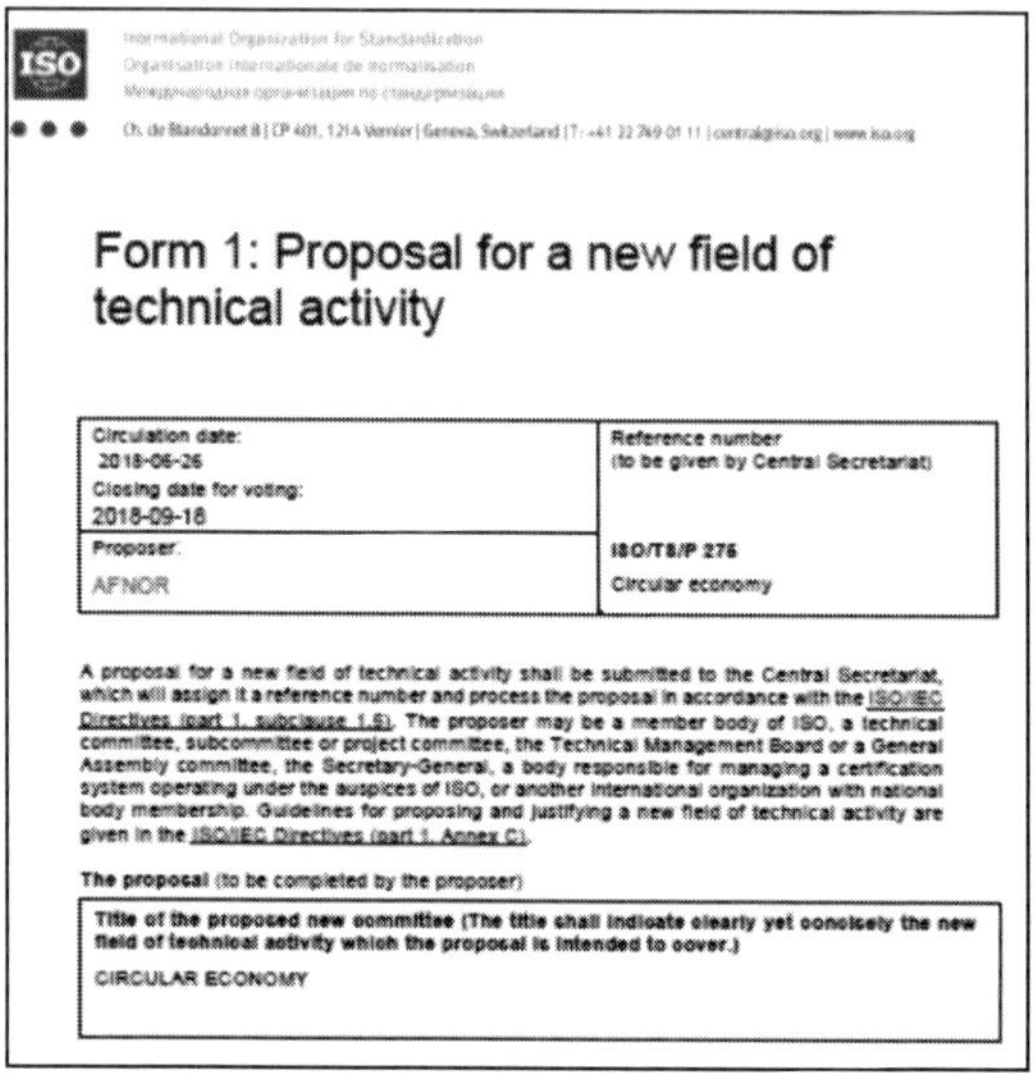
International Organization for Standardization
Organisation internationale de normalisation
Международная организация по стандартизации
Ch. de Blandonnet 8 | CP 401, 1214 Vernier | Geneva, Switzerland | T: +41 22 749 01 11 | central@iso.org | www.iso.org

Form 1: Proposal for a new field of technical activity

Circulation date: 2018-06-26 Closing date for voting: 2018-09-18	Reference number (to be given by Central Secretariat)
Proposer: AFNOR	ISO/TS/P 276 Circular economy

A proposal for a new field of technical activity shall be submitted to the Central Secretariat, which will assign it a reference number and process the proposal in accordance with the ISO/IEC Directives (part 1, subclause 1.5). The proposer may be a member body of ISO, a technical committee, subcommittee or project committee, the Technical Management Board or a General Assembly committee, the Secretary-General, a body responsible for managing a certification system operating under the auspices of ISO, or another international organization with national body membership. Guidelines for proposing and justifying a new field of technical activity are given in the ISO/IEC Directives (part 1, Annex C).

The proposal (to be completed by the proposer)

Title of the proposed new committee (The title shall indicate clearly yet concisely the new field of technical activity which the proposal is intended to cover.)

CIRCULAR ECONOMY

定義、マネジメント規格」、次に「実施と業種別適用のためのガイダンス」、「循環性の測定」、「ＣＥに関する具体的な課題」の４点になる。なお、ＡＦＮＯＲの提案書によれば、本ＴＣの規格化作業の範囲などについて、ＡＦＮＯＲは次のように示している。

　対象範囲として、ＣＥプロジェクトの実施に関連する要求事項、枠組み、ガイダンスおよび支援ツールを開発するＣＥ分野。適用対象は、民間組織、公共サービス、非営利団体などのＣＥプロジェクト実施を希望する任意の組織または団体。ただし、すでに設置済みのＴＣによってカバーするＣＥに関わる側面・内容は、新規ＴＣのカバー範囲から除外する、としており、例えば、ＩＳＯ／ＴＣ２０７環境管理におけるライフサイクルアセスメントとエコデザインおよび持続可能な調達（ＩＳＯ２０４００：２０１７－持続可能な調達－ガイダンス）がこれに該当する。

上記の性質からも本ＩＳＯは規格が策定された後、国際規格としての影響はもとより、ＣＥの「対象範囲が非常に幅広い」という性格から、さまざまなハードおよびソフトな部分の規制・制度にも影響しうる、と認識しておく必要がある。

そのため日本としても、今後のさまざまな国内産業に影響が及ぶと予想されることから、マイナスの影響を可能な限り避けるとともに、産業競争力の向上に寄与しうる方向へと仕向けるため、積極的に議論に参加し、コメントしていく必要がある。

改めて新規ＴＣ設置案の概要に関わるポイントを箇条書きで示す。

１　ＣＥに関わるマネジメントシステムの規格化

組織内のＣＥの取り組みの進捗を検証するための要求事項を設定。組織が環境、経済・社会に関わるパフォーマンスを改善するために実施する管理システムの要求事項を規定。あらゆる規模、種類、性格の組織に適用可能。組織の事業、製品、サービスに適用され、ライフサイクルの観点を考慮して管理または影響を及ぼすツール。ＣＥ管理を体系的に改善するために、全体・部分に適用可能。適合宣言は、要求事項のすべてが組織のＣＥマネジメントシステムに組み込まれ、すべて満たされた場合のみ可能。

2　実施ガイドラインに関する規格
ＣＥマネジメントシステムを構築し実施する組織に対する、実践的なガイダンスを提供。
3　支援ツールの規格
支援ツールは、用語、成果指標、成熟度マトリックス、評価などの情報とガイダンスを提供、ＣＥに関わる取り組みの進捗状況の測定等に利用可能なツールとする。
4　ＣＥ関連プロジェクトに関わる指針
ＣＥの取り組み方針に関する指導とアドバイスを提供。
5　ＣＥ取り組み事案の実施例の収集
具体的な取り組み事例の収集。

第1回総会が2019年5月、フランス・パリにて開催され、そこでの議論においてフランス案が対象として示した「ＣＥのプロジェクト」からプロジェクトが外され、対象範囲はＣＥの包括的な広範囲に及ぶことになった。
その後、各テーマ別に設定されたグループで討議を進め、正式な作業グループが2020年6月の第2回総会を経て発足した。作業グループは、ＷＧ1　枠組み、原則、用語、マネジメントシステム規格、ＷＧ2　実施と業種別適用のためのガイダンス、ＷＧ3　循環性の測定、ＷＧ4　ＣＥの特定の問題、の4ＷＧから構成され、ＷＧ2の共同議長には日本から多摩大学客員教授の市川芳明氏が選出された（出典：https://www.iso.org/committee/7203984.html）。

第2回総会を日本で開催することが概ね内定していたが、新型コロナウイルスの感染拡大を受け、日本での総会開催は延期されることとなった。欧州発の国際規格化の提案ではあるが、このように日本も積極的に関わることで、CEにおけるリーダーシップとプレゼンスを示していくべく取り組んでいる。

筆者のこれまでに行った欧州主要企業へのヒヤリングで示されたCEに関する見解は、CEは組織のマネジメントツールであるというものだった。CEは製品メーカーであれば、材料・部品の調達から製造、販売、販売後のサービス、さらには使用済み段階までの全ライフサイクルを対象とするため、前述したとおり、従来の売り切りビジネスを、リース、レンタル、シェアなどによる循環型ビジネススタイルへと、変更および見直しを段階的に進めることを求める可能性がある。そうした国際規格を企業内部のマネジメントツールとして位置づけることで、今後の産業・企業の変革をCEへと方向づける目的があると見られる。さらに、今回の提案では、認証制度を抱き合わせる可能性も示唆している。

また、既存TCのテーマ範囲は除外するとしているが、CEがカバーする広い範囲を包括的に管理するツールであれば、運用を進めるなかで、製品のエコデザインや素材など、既存のISOテーマにも還流して影響を及ぼす可能性も否定できないだろう。

このようなことから、私見ではあるが、提案されたCEマネジメントシステムが今後及ぼす事項として、ビジネスモデルの転換および開発の促進、製品の関係では、調達・生産から廃棄までの全ライフサイクル管理（シェア、メンテ、リペア、リユース型の製品管理含む）、外部取引を含めた

図表 2-2　CE マネジメントシステムが対象とする範囲とプロセス（イメージ）

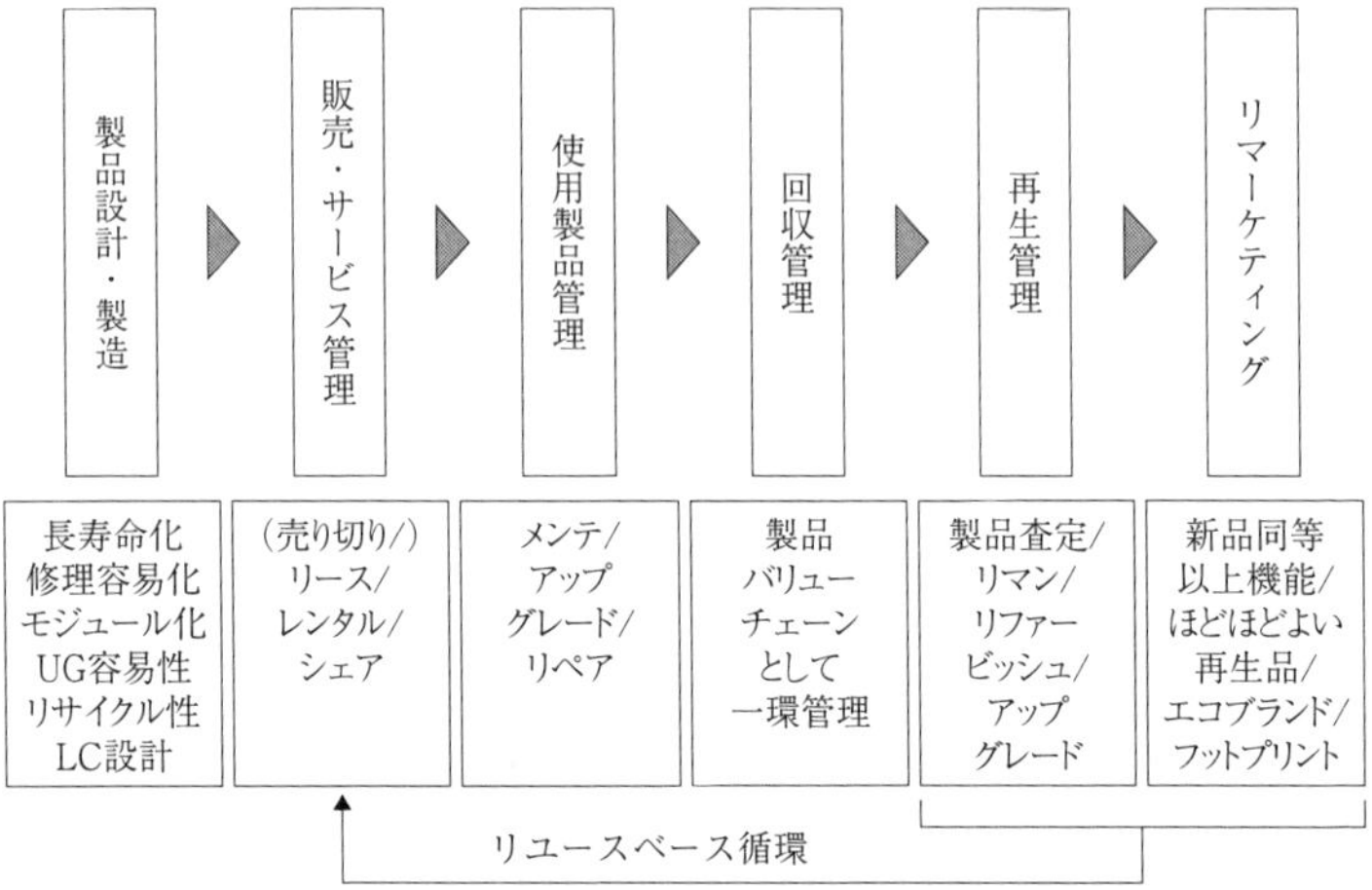

販売，製品管理，製品回収等，いずれかを変更するには企業内の関連部門すべてが仕事の仕方を変更する必要がある．

サプライチェーンマネジメントなどが推察される。

日本としては、従来の3Rの枠を超え、総合的な経済・産業に関わる政策フレームに移し、ビジネスと環境政策の両トレンドについて理解ある人材がこのような移行に対応していく必要性がある。このようなビジネスモデルは、欧州であれば完成形があるというわけではなく、相変わらず欧州もまだまだリニアで生きているところはあり、模索しているプロセスにある。そのため徐々に完成度の高いビジネスモデルへと発展させていく、そのプロセスを提示していく道しるべとなっていくことも、CE政策の重要な課題だろう。

また、今回フランスから提案されたCEのISO規格に先んじてすでに設定されているCE規格として、フランスの国内規格XP X30-901：2018や、英国の国内規格BS8001：2017がある。ここでは、フランスの規格は、短編で要点のみ整理されたような内容であるため、今後検討されるISO規格の参考例として、英国規格のBS8001：2017の概要を示す。

【名称】BS8001：2017　CE原則を組織で実施するための枠組み－ガイド
【目的】組織や個人の循環的で持続可能な取り組みの促進
【概要】認証取得などの要求事項は含まず、CE関連に取り組む組織にとっての任意なガイダンスを提供する。主に、CEと組織との関連性、CEの基本原則および行動原則の具体的な実践方法を記載している。

【CEの英国規格が示す基本原則】

▼システム思考：組織は個人の意思決定や活動とより広範囲なシステムとの相互作用を考慮し包括的なアプローチを行う。

▼イノベーション：組織は、生産およびサービスに関わる資源の持続可能な管理を行いながら、ビジネスの価値を生み出せるようなイノベーションを起こし続ける。

▼スチュワードシップ：組織は、組織横断的な意思決定と活動の直接的および間接的な影響を管理する。

▼協力関係の構築：組織は、共通のビジネス価値を生み出すために、公式および非公式な調整のもと、内外との協力作業を行う。

▼価値の最適化：組織は常に、あらゆる製品、部品、物質の価値および使用に関わる価値を最も高い状態で維持する。
▼透明性：組織は、より持続可能で循環的な事業モデルへの移行に必要な情報を明確・正確・タイムリーでなおかつ正直に適切な方法で開示する。

この規格でひとつ特徴的なことは、CEを実現するための重要な要素として「ビジネスモデル」を挙げている点だ。具体例として、以下のようなビジネスモデルを例示している。

▼オンデマンド：オンデマンド生産（注文生産）
▼脱物質化：デジタル化
▼製品寿命延長／リユース：製品寿命延長、リユース促進、製品モジュール設計、リファービッシュ、リペア、リマニュファクチャリング、リコンディショニング
▼二次原料／副産物の回収：二次原料・副産物の回収（リサイクルを含む）、返品へのインセンティブ・拡大生産者責任
▼サービスとしての製品／製品サービスシステム（PSS）：リース契約、成果ベース（成功報酬）
▼シェアリングエコノミー／プラットフォームと共同消費：シェアリングエコノミー、シェアリングプラットフォーム・資源（共同消費）

以上、フランスと英国におけるＣＥに関わる標準化・規格化の動きを述べたが、これまでも欧州の主要企業を訪ね、ＣＥとはなにかと尋ねると「組織のマネジメントツール」である、との認識が示されることが少なくなかった。それだけに、この分野での経験とノウハウは、欧州企業が先行している可能性がある。そのマネジメントツールをもってＣＥへと踏み込むと、組織の核心部分に踏み入った規格を提案してくる可能性があるため、国際的な取引場面にも影響を及ぼす可能性は否定できない。

ＣＥマネジメント規格では、ＣＥ型ビジネスモデルへの転換および開発の促進、製品関係では調達・生産から廃棄までの全ライフサイクル管理（シェア・メンテ・リペア・リユース型の製品管理を含む）、外部取引を含めたバリューチェーンマネジメントなどの事項が含まれる可能性が多分にある。

日本としては、これらの要求事項において、本来得意とするものづくりの強みを、サービス化、機能・価値提供のビジネスモデルにおいても活かせるような規格づくりを提案していくことが重要ではないかと考える。同時に、ＣＥ型の新しい企業経営のありかたも積極的に取り組んでいく必要があるものと考える。

そこでの、新しい規格への対応においては、特にこれまで縦割りの経営を行ってきた企業においては、より横断的な協業が機能する組織経営へと転換しなければ、新しい課題への対応が困難なケースも出てくるものと思われる。小手先だけのビジネスモデル・経営資源管理の変更に留まらず、経営の意志をもって組織改革を進めていくことも重要であると認識する必要があるだろう。

3　プラスチックを巡る動向

①CEとの関係性

廃プラスチック（以下、廃プラ）の処理や海洋プラスチックに関する問題が大きな注目を浴びている。なかでも海洋プラスチック問題は、陸域（生活）を発生源とするプラスチックが、海洋や沿岸域に到達し、生態系を含めた海洋環境、観光・漁業への影響、さらに微細なプラスチックに分解しこれが生体（魚など）や人体への影響があるとして懸念されている。海洋プラスチックゴミの量は、2015年に学術誌『サイエンス』が年間約800万トンとし、以後国際機関や各国政府がこれを参照している。世界経済フォーラムの報告書（2016年）によると、2050年までに海洋中に存在するプラスチックの量が、重量ベースで魚の量を超過すると予測されている。

この問題は2016年頃より、先進国首脳会議でも取り上げられるようになった。2018年のG7シャルルボワ・サミットでも、緊急課題として取り上げられ、「より資源効率的で持続可能なプラスチック管理へ移行する」ことが首脳宣言でコミットされた。各国で規制や取り組み強化が始まるなか、日本でも関係省庁が具体的な政策策定を開始しており、2019年のG20などの国際会議でも議論の俎上にのぼってきた。

産業界への影響は、脱プラスチックの動きは逆風であると同時に、新素材での代替が進めば新たなビジネスチャンスともなりえる。現在のところ、使い捨てプラスチックが主な規制対象となっており、適正に処理されている材料は焦点にはなっていない。しかし、規制が再生材の利用義務化にまで広がれば、多くの業界で対応が求められる。その場合、コストや品質、安定供給、有害物質の含有有無など多くの課題への対応を早急に迫られることになる。こうした状況を踏まえ、ここでは欧州調査でのヒヤリングを通じて見聞したことも踏まえ、CEの観点から整理していく。

②材料リサイクルで乗り遅れた日本

環境対策の技術に関しては、決して低くない日本だが、材料リサイクルではOECD加盟の34カ国中29位に甘んじている。しかし、このような事実の背景には、廃棄物の利用と処理の方法が他の先進国と違うという背景がある。

プラスチックがこの世に登場してから半世紀が過ぎている。軽くて腐らず、丈夫で加工しやすく比較的安価なプラスチックは、大量生産・大量消費を支えるたいへん便利な素材として利用され、さまざまな製品に多用されてきた。したがって、世界のプラスチックの生産量を見ると、1964年に1500万トンだったものが、2014年には3億1100万トンと20倍に膨らんでいる。

しかし近年、持続可能な社会の実現が一層強く求められるようになり、また原料である石油も枯渇性資源であることから、プラスチックのリサイクルはこれまで以上に重要視されるようになってきた。OECDは「世界中でリサイクルされているプラスチックは15%に過ぎない。残り25%はエネルギー回収のために焼却され、残りの60%が埋め立てか単純焼却、あるいは散乱して海洋に流出している」と対応不足を指摘している。

図表 2-3　OECD 加盟国の廃棄物処理とリサイクル（2013 年）

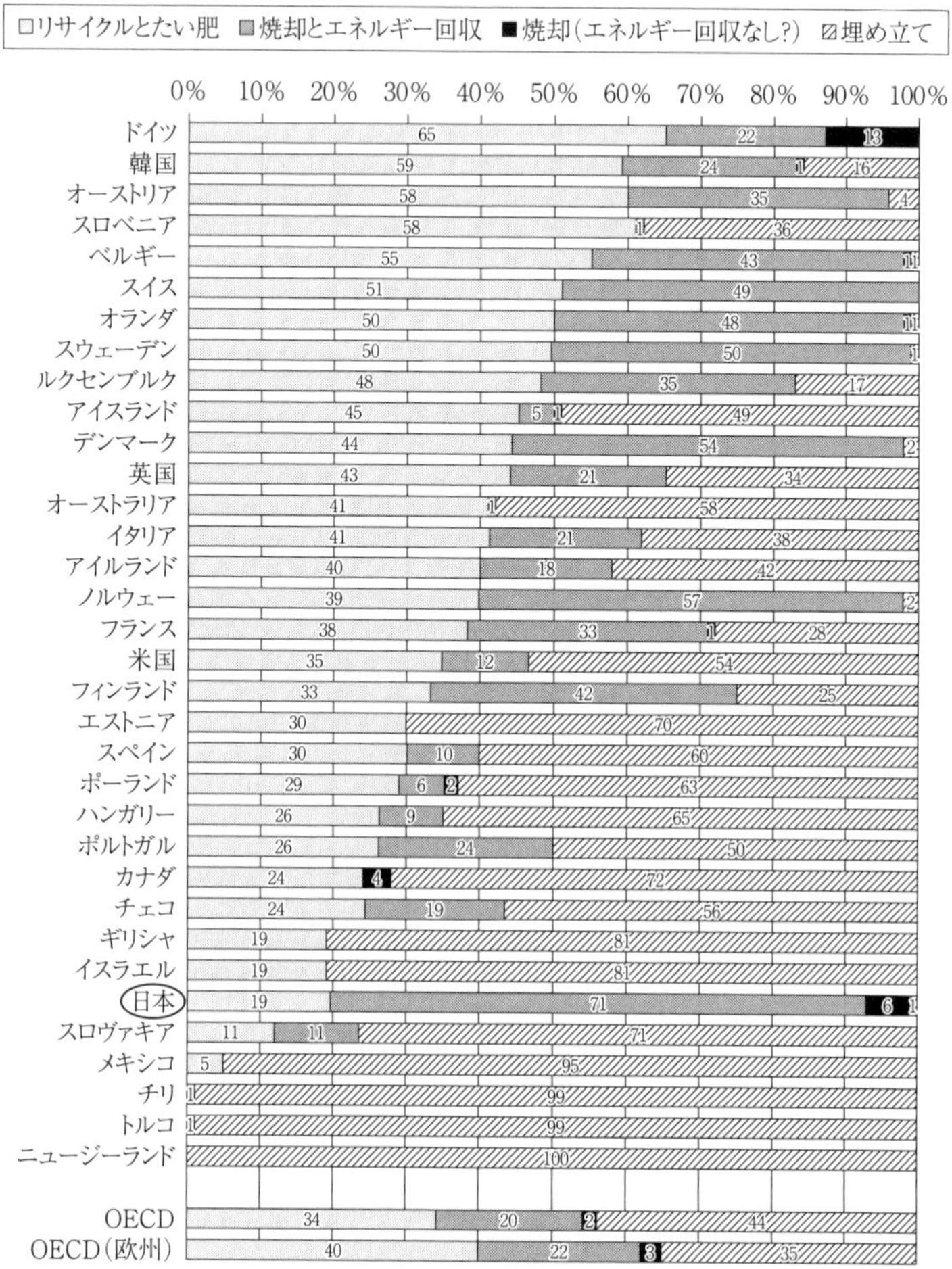

（出所）　ブログ「東京 23 区のごみ問題を考える」より引用。

ＥＵやＯＥＣＤでの定義では「リサイクル」は「材料リサイクル」のみをいう。日本では、燃やして熱を回収する「サーマル・リサイクル」（熱回収）も有効利用として材料リサイクルと同等かそれに準じる活用法として位置づける風潮が強いが、欧州では材料リサイクルと区別され、化石資源の枯渇防止、温暖化ガス排出防止への効果がより小さいことから、より優先度が低い利用法に位置づけられている。

このような背景もあり、ＯＥＣＤ加盟国の34カ国中、リサイクル率では29位といった低い順位に甘んじる結果になっている。

③プラスチック問題を巡る日欧の差とその背景

世界的に見てプラスチックのマテリアルリサイクルは低調といえる。その理由のひとつは「選別の困難さ」にある。プラスチックには種類が多く、それぞれの特性を活かして各用途に使われ、さらに特化した材料とすべく、さまざまな添加剤が利用されている。質の良いマテリアルリサイクルを行おうとすれば、これらの種別を見分けなければならない。しかし、外見からではその選別は難しく、材料リサイクルが進みにくい原因となっている。

こうしたなか、プラスチックの材料リサイクルをリードするのが欧州だ。使用済み製品廃棄物の大量発生が問題となり、製品を生み出す生産者がリサイクルの責任を負うべきとする「**拡大生産者責任**」が廃棄物制度に導入された１９９０年代、自治体による焼却や埋め立てから（材料）リサイクルへと舵を切ったＥＵでは、リサイクルを実施する役割を民間が担った。ＥＵではすでに大きな流れとして、家庭から出るプラスチック廃棄物から再生プラスチックがつくられるルートが確立されている（日本にはなく、物量としてどの程度の割合がカバーできているのか、このルートに乗る廃棄物はなんなのかは追加調査が必要）。

現在、リサイクル・メジャーとなってグローバルカンパニーへと成長したヴェオリアやスエズ、レモンデイスなどは、そうした廃棄物の処理が転換する時期に、リサイクルを推進するビジネスモデルを開発して成長した企業だ。

またこの時期に欧州では、光学式選別技術も急速に発達した。EUでは、それまでにリサイクルされてきた金属や紙より、まだリサイクルされていなかったプラスチックにリサイクル政策の焦点を当てたのだ。さらに、材料リサイクル優先を政策において打ち出し、廃棄物の行先を焼却炉から選別処理施設へと転換させもした。この転換は経済面においても、選別処理施設が競争上優位であり、このことが光学式選別装置の需要拡大に寄与したのだ。

廃棄物片をひとつずつ、光学センサーで組成を解析し、エアーで吹き飛ばして素材別に回収する高速選別装置は、いまやおおむね欧州メーカーの独壇場となっている。このように廃棄物処理が民営化されることにより、自治体の境界線を越えて集められる廃棄物の処理は、大規模化し、それが技術革新の土壌を生み出し、欧州の環境ビジネスを発展させた。そして、プラスチックの海洋汚染問題さえも、いまやビジネスチャンスとして、さらなる世界規模のビジネスとして、拡大の契機にしようとしているものと見られる。

上記に示した歴史的な経緯もあり、近年、海洋汚染問題として注目されるプラスチック問題に関して、日本と欧州とでとらえ方においてかなりの差があるように見える。ＥＵにおいては欧州委員会が、プラスチックの海洋汚染問題への対応を含む、プラスチックおよび廃プラスチックによる環境影響を軽減するための基本政策として打ち出した「サーキュラーエコノミーに関わるプラスチック戦略」（２０１５年12月）では、タイトルにあるとおり、サーキュラーエコノミーへの移行の取り組みの一環と位置づけている。

つまり、プラスチックの海洋汚染問題の解決は、プラスチックの持続可能な循環利用とセットでなければならないとするのがＥＵの基本方針であることがわかる。

一方の日本においてプラスチックの海洋汚染問題は、プラスチックの循環利用と切り離して検討することを許すムードにあるが、欧州ではそうした考えは認められにくいものである。その最大の理由は、ことプラスチックは、生産～廃棄のワンウェー型リニアエコノミーの代表格となる素材であると考えるからである。他の素材である金属、ガラス、紙は、リニアエコノミーにおいてもおおむね経済原理でかなりの量が循環利用されてきた。しかし、近年急増したプラスチックは、循環利用が十分にできていない。それは軽くて加工しやすく長期に遮断性を維持し価格が安いというプラスチックの優れた特徴が、循環利用においてはむしろ弱点となっているためである。

海洋汚染問題だけを切り取って対応するのであれば、焼却や熱利用もプラスチックの海洋流出を防止する手段として有効であろうが、プラスチックを他の素材同様に循環利用される材料へと転換することが、ＣＥ政策の重要なチャレンジであるとする視点から見れば、同政策が成し遂げるべき課題を軽視した対策であるといわざるをえない。

また、焼却・熱利用を許してしまえば、先述した「選別処理＋材料リサイクル」のビジネスモデルをグローバルに展開するビジネスチャンスを弱めてしまうことにもつながるため、戦略上、好ましい方策でないと考えるのも一因であろう。すなわち、ＥＵでは法に基づく材料リサイクルの目標値を、２０２０年までに50％、２０３５年までに65％と定めており、これと同水準のリサイクル率をＥＵ加盟国だけでなく、世界の国々にも適用した場合、欧州の廃棄物管理大手および選別処理装置メーカーにとっての開拓可能な巨大な潜在的マーケットがグローバルレベルで出現する。しかし、これを焼却・熱利用で問題解決可能だとするならば、欧州の競争上の強みは失われるであろう。

このように欧州にとって、ＣＥを戦略的に利用し、世界中にある潜在的に巨大な廃棄物市場に欧州企業が進出する考えのもと、プラスチック問題とサーキュラーエコノミーが密接につながっている。

一方の日本は、国内の廃プラ処理・海洋流出プラをどうするかは考えても、日本のリサイクル業の世界戦略を視野に含めたプラスチック対策の視点は非常に弱く、必ずしもＣＥの枠組みの中でプラスチック問題が議論されてはいない。

④中国の廃プラ輸入規制の影響

日本では、廃棄物は最も大きなカテゴリーとして、まずは産業廃棄物と一般廃棄物に分けられる。産業廃棄物に関しては、排出事業者のリサイクルニーズに応えようとする産廃業者が、リサイクル施設の開発に投資し、導入した設備や工程を一層改善するなどして、リサイクル技術とリサイクル能力の開発に取り組んできたケースが多数認められる。したがって、樹脂を選別・洗浄して、優れたマテリアルおよびケミカルリサイクルを実行したり、RPF（固形燃料）を製造するなどで効率の優れた有効利用が一般的に行われている。

他方、家庭や店舗、事務所から出る一般廃棄物中の廃プラ類は、マテリアルリサイクルされるのはペットボトルが大半を占め、その他の廃プラスチックは、多様な樹脂が混在するため、高品位な材料リサイクルは難しく、また一般ゴミを対象とした選別処理施設は存在しないため、直接焼却されるか、RPFとなってエネルギー回収されるケースが多く、材料リサイクルされるのは日本容器包装リサイクル協会によって引き取られるプラスチック容器包装の一部に限られる。しかしながら、このような回収された廃プラスチックでさえも、欧州のような高度な選別処理がなされるケースは僅かといえる。

しかし、欧州諸国においてもそれらの廃プラをすべて自国内でリサイクルできたわけではない事実が、このたびの中国の廃プラ輸入禁止により露わとなった。すなわち、中国が廃プラの輸入禁止を決めたことで、欧州の廃プラが行き場を失い、一部のソーティングプラントの運営さえも揺るがしかねない事態が生じているのだ。中国は、これまで資源として日欧をはじめとする世界から輸入してきた廃プラスチックを、2017年12月末をもって輸入禁止とした。

中国は、海外から年間およそ1000万トンの廃プラを受け入れてきた。世界の工場として経済成長を遂げてきた中国では、石油よりも安い廃プラを原料として、家電製品や自動車部品、文具などの製品をつくってきたのだ。しかし、廃プラと生活ゴミが分別されないままプレスされたものや、汚染物質が大量に混入する粗悪なものも大量に持ち込まれ、環境汚染や健康被害が深刻化したため、輸入を禁止したのだ。

中国への最大の輸出国は日本だった。日本の廃プラ輸出は年間およそ150万トンあり、このうち、約9割（年間排出量の約15％）が中国（香港経由を含む）向けだった。

輸出禁止を受け、マレーシアやタイなどへ輸出先を変更したが、これらの国々も、急激な輸入量の増加に対応できてはいない。また同国内のリサイクラーにおける環境汚染問題などの理由で、輸入規制を実施するようになり、いまでは台湾、タイ、インドネシア、マレーシアでも受け入れ制限が実施されている。

行き先を失った国内の廃プラは、日本国内でペレタイズされ加工製品として輸出されたり、燃料利用やRPF製造会社に届けられ、固形燃料になるなど、新しい活路を見出そうとしているが、それらのルートもいまやオーバーフロー気味であり、保管施設や処理業者のストックヤードに山積みされるケースも少なくはない。今後、国内の廃棄物処理業の受け入れ制限が強まると、受け入れ価格が高騰し、それに応じられない廃プラや雑品は、本当に行き場をなくすなど、深刻な事態が起こる可能性も否定できなくはない。

⑤欧州におけるリサイクル政策の新たな動向と緩慢な日本の動き

欧州に目を向ければ、2018年1月には「EUプラスチック戦略」が公表され、プラスチックをリニアエコノミーからサーキュラーエコノミーへと一気に引き上げる包括的な方針が示された。

振り返れば、10年以上前からプラスチック製品の「リデュース・リユース」の取り組みや法的規制が進められ、2017年1月以降、厚さ25ミクロン以下のプラスチック製のレジ袋が使用禁止となり、2020年1月からは、使い捨てのプラスチック製カップ、皿の提供が禁止されるなど、プラスチック問題への対応は日本よりも速く厳しいものとなっている。

プラスチックのバージン材メーカーの業界団体であるPlastics Europeでも、CEに対して極めて積極的な態度であり、否定的な態度は示していない。プラスチックはゴミ問題だけでなく、「環境汚染問題」として認識しているのだ。彼らは、家庭ゴミから再生プラスチックへの流れが、同一製品内で循環させる閉ループリサイクルより物量的に安定しているため、廃プラリサイクルに注目していると言った。そして質を高めるために技術的にはケミカルリサイクルに注目していると語っている（しかし生分解性プラスチックに対しては懐疑的）。

日本では2018年10月、環境省が小売店でレジ袋の有料化を義務付ける方針を固めたが、こうした日本の取り組みは欧州のみならず、世界の国々と比較しても後れている。

⑥循環政策は「プッシュ型」から「プル型」へ

今後の欧州において、レジ袋の次に厳しい対応が迫られるのは、飲料のPETボトルであろう。PETボトルでは、先行するEUの状況から見ても、使用削減と使用する材料の再生樹脂利用の両方が同時に進められていく可能性が高いと考えられる。そのようななか、EUではシングルユースプラスチック指令が施行され、同法の中で使い捨てPETボトルを含む、シングルユースプラスチック製品を製造・販売する企業に強制的に再生樹脂利用を義務づける方針で定められた。すなわち、現在EUで議論されている今後のリサイクルの推進の施策で重要なことは、回収・リサイクルを進める「プッシュ型」から、再生材市場を創成・拡大し、市場のけん引力で再生材の利用を拡大させる「プル型」へと移すことだとしている。

このような議論と検討の背景には、再生プラスチックがバージンプラスチックと価格面・品質面で競争するとなると、なかなかバージンプラスチックの優位性を覆せないということがある。そのため、なんらかの法的施策・経済的手法の実施が必要であるとの指摘が多くの関係者からなされている。掛け声だけでは利用の拡大はない、とする考えから、法規制による利用の義務化やバージンプラスチックへの課税など経済的手法の導入が前向きに検討され始めている。

一方、日本では生分解性プラスチックの利用やバージン材の性質については、上流側の対策や、具体的な目標も示されてはいるが、リサイクルや再生材の利活用に関わる市場の創成・拡大の検討はさほど進んでいないように見受けられる。日本のプラスチック問題への対策が世界標準から後れ、国際的に後手に回ることは、今後グローバルなマーケットにおける日本製品の国際競争力にも影を落とす可能性があることは否定できない。世界的な議論を巻き起こしているプラスチック問題に対して、感度を高め、対応していく必要があるものと考える。

今回の調査で、日本の中でのプラスチックに関わるさまざまな環境意識あるいはCEに関わる問題意識については、欧州との間でかなりの温度差が生じていると実感した。これはリアリティの問題であるため、自分の肌で感じなければわからないところだが、今後は、かなり意識的に情報収集して問題をウオッチしていくことが必要かと思う。

4　欧州調査報告

本研究会では、欧州におけるCEに関わる最新の動向を調査するため、2019年1月7日〜11日の日程で、欧州調査を実施した。この間、訪問箇所において行った調査対象は、ヴェオリア・ポリマー、ARN（オランダ自動車リサイクル機構）、欧州委員会、欧州プラスチック工業連盟（Plastics Europe）、シーメンス（Siemens AG）、ヴェオリア本社、デロイト・サステナビリティなどの政府機関および民間団体・企業になる。ここでは特に注目すべき点として、ビジネスへの取り込み、欧州委員会の動向について挙げる。

①ビジネスへの取り込み

今回の調査で印象的であったのは、訪問機関のうちのいわゆる企業に該当するシーメンス、ヴェオリア本社およびヴェオリア・ポリマーがCEに対して極めて強い意気込みを持っており、なおかつそれをビジネスに結びつけることに成功している点だ。これは、従来の温暖化対策やWEEE、ELV、RoHS指令などの廃棄物処理、有害物質関連への対応とはまた違った対応に見えた。この企業のCEに対する強い意気込みを直接感じられたことが、今回の調査のひとつの大きな収穫といえる。

前章でも触れているが、シーメンスは設備保全プラットフォーム戦略を、ヴェオリアは地域資源循環ソリューション戦略を開発し、それぞれデジタル技術の力を活用しながら推進している。ただし、今回の訪問先企業は3社のみであり、欧州企業すべてが同様にCEのビジネス化に積極的であるとはいえず、業種や製品によりさまざまで日本企業同様、CEへの対応、距離のとりかたに苦慮している企業もあることが予想された。今回の調査結果からは、B2CよりはB2Bを中心とし、ビジネスモデルの開発とデジタル技術に優位性を持つ企業が、CEのビジネス化に成功しているように見受けられた。

このような、欧州のCEのビジネス化で成功している企業と典型的な日本企業の違いを図表2-4に示す。CEのビジネス化に成功している企業においては、図に示すように、経営陣と各事業部門との間で企業の目標、ポリシー、戦略に関する連携が有機的に行われており、経営方針、戦略の中にCEが明確に位置づけられている。そのうえで、各事業部門の強み、ビジョンとの関連においてCE戦略が構築され、また逆に各事業部門のCEビジネスの実績が経営陣にきちんと吸い上げられている。このように経営陣・事業部門の密接な連携構造が構築され、それがKPIなどを活用しながら、企業経営のPDCAサイクルの中に組み込まれ、スパイラルアップするような体制が構築されている。このため、経営の意思決定への浸透度、各事業への浸透度が圧倒的に高い。

一方で、CEは日本企業には一般的にはまだそれほど浸透していない。CEを知っていても従来の環境対策の延長線上で、規制対応の一種として扱われていることが多い。図表2-4下に示すように、まず経営陣の経営戦略の中に、CEが実効性のあるかたちで位置づけられておらず、経営陣と事業部門の間にこういった問題に対する密接な連携がとられていない。本来CEを担当すべき経営企画部門がCEの担当外であり、CEについて経営陣と事業部門の間で、連携をとる体制になっていないことが多いと思われる。結局、CEを担当するのは環境部門ということになり、その中で「片手間」的に扱われてしまう。彼らがCEに必須のプラットフォームのサービス化、設計への折り込みなどの重要性を発信するものの、CEの意義やその革新性・影響が十分に認識されないために、経営陣にも事業部門にもその声が届かないということになる。

以上述べてきたように、CEはサステナビリティ問題を解決する将来のあるべき姿であると同時に、ビジネスの問題であり、日本企業においても企業がやりたいことをCEとリンクさせて打ち出すことが、今後ますます重要になると考えられる。そのためには、図表2－4上のような全社体制を構築することが最重要課題になる。すなわち、日本の製造業もCE戦略を全社的にまとめることを推奨したい。例えば、シーメンスを見本にとると次のようにまとめられる。

まずシーメンスではCEに対応する全社横断組織を構築しており、そこがハブとなって、図表2－4上のような全社体制を構築している。さらにCEに関連する5つのビジネスモデル（①サーキュラーインプットモデル（リユース、リマン）、②廃棄物の再利用・リマニュファクチャリング、③寿命延長、④Product as a Service（PaaS）、⑤プラットフォーム戦略（シェアリングビジネス））を提示し、これにより各事業部門のビジネスを整理している。これは、各事業部門のビジネス展開のガイドラインとして機能している側面もあり、そこが重要になる。なお同社は、レアメタル、レアアースは有害物質としている。これは、採掘時に鉱山周辺に大きな環境汚染をもたらすか

図表 2-4　CE ビジネス体制のイメージ

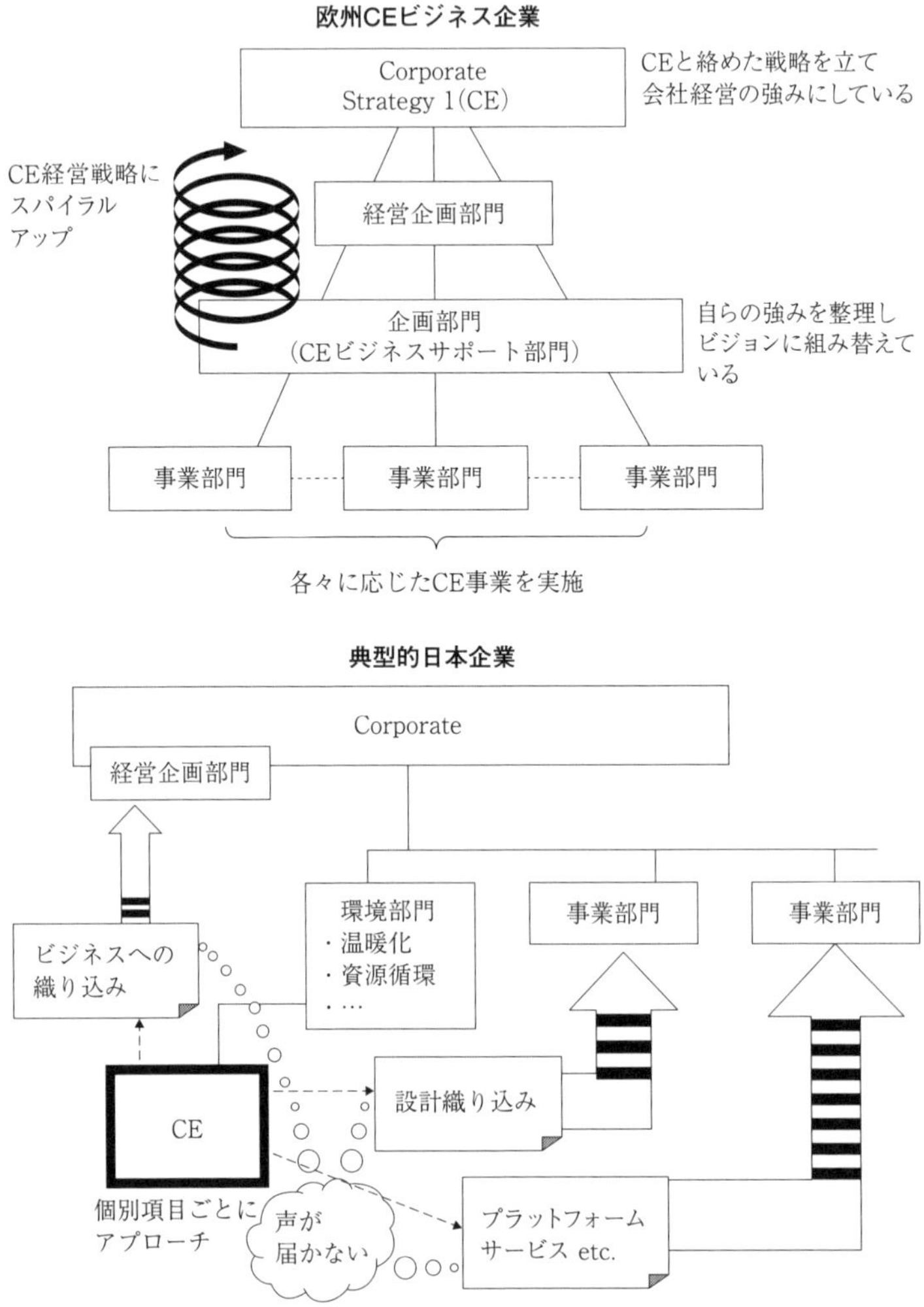

らだ。

今回調査したそれぞれのビジネス事例は、CEへの動きに合わせて始めたものとは限らず、それ以前から実施していたものも多々含まれるし、個別の事例は日本企業も当然やっているものや、必ずしもレベルの高くないものが含まれていたのも事実だ。

しかしながら、CEという視点で、全社的に自社事業の「強み」と「弱み」を再整理し、このようなかたちで体系化することに意義がある。

前記したように、全社的にCEの進捗を測るKPIを設定し、これを用いてPDCAサイクルを回している。これも各KPI自体は珍しくないものも多々含まれているが、上記と同様の理由で、CEという座標軸で全社的な体制をつくっているところに意義がある。

個々のCEビジネスの事業性や、CEに適した新素材の導入などに関しては、各事業部門が実情に合わせて判断しており、これは現実に合わないCE戦略を進めないようにするためにも重要だ。

シーメンスや、他にもヴェオリアがCEに取り組む理由としては、CEに関わる指令・規制などが欧州から波及する兆候があるなか、世界のどの地域においても、法律が策定される前から準備を整えておけば、競争力優位になりミニマムコストで先手を打つことができると述べていた。法律や標準化はつねにウオッチしているものの、それを中心に追従するという姿勢ではないことは明らかだった。なおヴェオリアは、欧州では、いま一次原材料と二次原材料の区別がなくなりつつあり、リサイクルは生産の一種という認識に変わりつつあると語っていた。

②欧州委員会の動き

欧州委員会環境総局と議論を持ったが、彼らは法律を作る専門家集団の印象だった。訪問時には、5月の欧州議会選挙を控えて様子見の状態で、その間も粛々となすべきことを検討・実施、大きな方向性は変えない様子であった。欧州議会選挙後、欧州委員長にフォン・デア・ライエン氏が選出され、欧州グリーンディール政策が打ち出されるなど、CE政策が加速されたことは第1章で述べたとおりである。

訪問当時、CE政策に関して54項目のアクションプランを定め進捗管理を行っており、現在この54のアクションプランのうちかなりの部分が計画を達成しているということだった。環境総局と議論の中で特徴的であったのは、「CEの全体的な考え方は経済モデルを変えていくことである」と明言していたことだ。

議論の中で明らかになった当面の施策は、製品寿命の延長、分解性など製品設計にCEを織り込むための「エコデザイン指令の改正」、**拡大生産者責任**（EPR）のスキームの見直し、修理可能性、有害物質含有の有無、リサイクル材使用の有無、リサイクルのしやすさなどの評価基準を設けて、その総合評価からリサイクル料金を決める「モジュレート・フィーの創設」の検討という内容だった。欧州の市民は「製品をできるだけ長く使いたい、故障したら修理して使いたい」と考えているから、CE政策は支持されている、という発言も出ていた。

第3章

サーキュラーエコノミーはデジタル戦略の重要な差別化要因

廣瀬　弥生

本章では、欧州企業によるCEへの取り組みについて、ビジネス戦略的観点から議論する。CEが欧州経済の競争力強化のための政策と位置づけられているなか、欧州各企業はグローバル戦略のひとつとしてCEを位置づけ、さらにデジタル戦略と融合することにより自社戦略を展開している。現在欧米を中心としたグローバル企業は、デジタルトランスフォーメーションを推進することにより、デジタル技術を活用した新たなビジネス戦略を展開している。特に取り組みのスピードが速い米国企業はデジタルビジネスに有利といわれており、GAFA（Google, Amazon, Facebook, Apple）をはじめとするさまざまなプラットフォーム企業が価値を高めている。フットワークの軽さで負ける欧州のグローバル企業は、EUや欧州各国のCE政策を受け、米国企業のデジタル戦略に対する差別化要因として、CEの取り組みを融合させたビジネスモデルを構築して収益増を狙う動きが出ている。本章では、欧州企業においてデジタルとCEが融合することにより、具体的にどのようなビジネス展開が進んでいく可能性があるのかについて議論する。

最初に指摘すべきことは、CEはもはや企業の環境担当者だけが対応を検討するようなものではなく、経営戦略担当と連携して検討するべき内容であるということである。フランス規格協会（AFNOR）によるISOへのCEマネジメントに関する提案内容もそのことを裏づけているといえる。提案内容には、CEへの取り組みのみならず企業経営に関する考え方についてまで言及している箇所がある。したがって、議論をリードするフランスサイドが今後のISOにおける議論において、単純な資源循環プロセスを決めるようなテクニカルな話だけに集中することは想定できない。むしろ資源循環プロセスを経営戦略に取り込むために、その根底に流れる経営アプローチの段階から資源循環をとらえる可能性がある。例えば、CEに取り組む企業はどのような経営方針のもとで何をミッションとしているかなど、企業戦略における資源循環への取り組みのあるべき姿、基づくべきとらえかたにまで遡ってCEマネジメントをとらえた内容になることも予想される。

このように欧州企業の環境分野における取り組みは、もはや環境問題への「対策」というコスト要因から、事業利益をもたらす「経営戦略」という位置づけに変化している。デジタル戦略についても同様であり、もはや企業のIT担当者が社内システムをいかに低コストで構築するかについて検討するものではなく、企業戦略担当部署のビジネスモデルに関する検討項目となっている。日本企業においても環境部門とデジタル部門の双方が企業戦略の柱となるべく、経営戦略部門と連携して新たなビジネスモデルを検討する必要がある。

次に指摘すべき点は、欧州企業はCEとデジタルを融合したビジネス戦略について中長期的な視点からビジョンを描いているという点である。第2章で触れたように、CE関連ビジネスには、従来のリニア型のビジネスモデルからの転換が必要である。欧州企業は、リニア型のビジネスが欧州で根強い現状を認めつつ、5年後、10年後に生き残るための戦略ビジョンを描いている。したがってCEは、中期的なビジョンに基づく戦略という位置づけであり、決して短期的な視点に基づく利益率のみで判断するべきものではない。近年企業の財務情報だけではなく、環境や社会に配慮した中長期的な取り組みを評価するものとして注目されているESG投資もこの考え方を後押ししている。デジタル戦略も同様に、欧米各企業はデジタルトランスフォーメーションを推進することにより、中期的な企業戦略ビジョンを描いている。先を読みにくい社会経済情勢である現在、企業は何の問題にどのように取り組んでいくのかについてビジョンとして明確に打ち出し、邁進していくことが求められている。

本章ではCEとデジタルの融合による欧州企業ビジネスの中期的な経営戦略について議論することにより、日本企業が企業戦略を考えるうえでマインドセットを変える必要性と、その遂行にあたり必要ないくつかのアクションについて提言する。

1　デジタルビジネスにおける環境変化

CEとデジタル戦略の融合を概観するにあたり、まずデジタルビジネスに関するマーケットにおいて、現在どのような構造変化が起きているのかについて2つの観点から述べる。

1点目は、新しい先端デジタルテクノロジーを活用したビジネスの本格化である。数年前まではビッグデータ、IoT、AI、ロボティクス等のデジタルテクノロジーのビジネスへの活用については、実証実験レベルにとどまり、企業に多大な利益をもたらし、また企業戦略の根幹を変えるほどの位置づけではなかった。しかし近年は、ビッグデータ技術を使ったデジタルサービスやIoT技術を活用した見守りソリューションなど、多くのグローバル企業が本格的にサービスを開始し収益をあげ始めている。その主役は、GAFAに代表されるIT企業だけではない。これまでITを使う立場であった産業機器メーカーや自動車および部品メーカー、金融機関をはじめとするサービス部門、さらには電力・ガスなどのインフラ部門にいたるあらゆる分野の企業がデジタル技術を活用したビジネスモデルを構築し、実ビジネスを開始している。その結果、デジタルビジネスを実現していない企業は、時代後れの烙印を押される傾向にある。

2点目は、デジタル技術を使ったビジネスにおいては、世界的に標準化されたソフトウェアを活用して問題解決を行う流れが強まっているという点である。このことは、近年のデジタルビジネスの成長がハードウェアではなく、パッケージ化されたソフトウェア市場にリードされていることも裏づけている。『令和元年度版情報通信白書』によると日本のＩＣＴ投資全体に占めるソフトウェアの割合は、約65％であり米国と同水準である。しかし、今後成長するソフトウェアは従来のように個々の企業や国の慣習に基づくカスタマイズされたソフトウェアではなく、世界共通仕様となるソフトウェアがデジタル市場の成長を牽引すると見られている。代表的な例が、ＵｂｅｒやＡｉｒＢｎＢなどのシェアリングサービスである。これらの企業は自社で自動車や宿泊施設等のハードウェアを販売することなく、世界共通仕様のソフトウェアがもたらすソリューションサービスで収益をあげることに成功している。これらの企業は世界共通のアプリケーションを活用することでコストを下げ成功例を増やし、成功ノウハウを蓄積することによりさらに効率的なソリューションに改善、提供するサイクルで差別化を図ろうとしている。このことは、今後のデジタルソリューションサービスがどの国、どの企業でも標準化された同じ仕様に基づき広がっていく可能性が高いことを示唆している。

これらの動きが示すことは、企業の競争力を最も大きく左右するものが、ハードウェア製品のものづくり技術から、デジタル技術を基に世界共通標準となるソフトウェアを活用して、広範囲かつ

図表3-1　業界ごとのプラットフォーム戦略

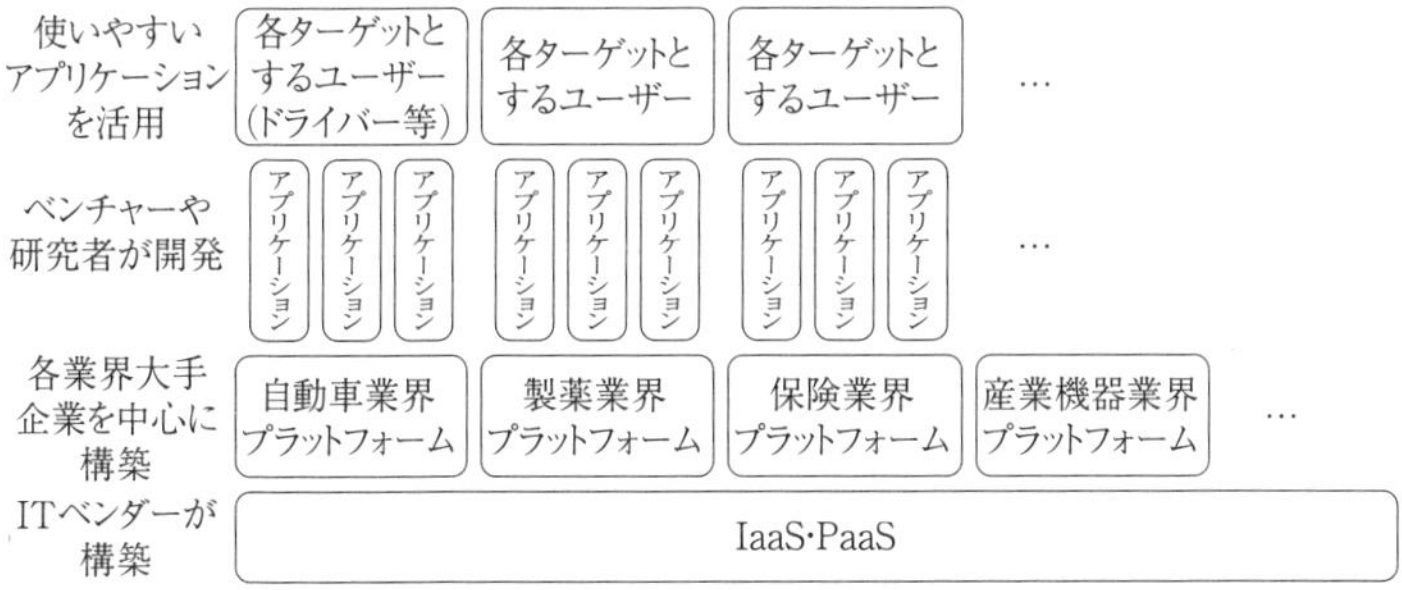

効率的に顧客のニーズを満たすことができるサービスソリューションにシフトしているということである。

2　デジタルプラットフォーム戦略が国際標準化の覇権を握る鍵に

前述のような環境変化の結果、多くのグローバル企業が、IoTやビッグデータテクノロジーなどのデジタル技術をもとにプラットフォームを構築してビジネスを展開している。従来、プラットフォームビジネスといえばIBMやマイクロソフト等IT企業のみの活用にとどまっていたが、現在は産業機器、医薬品や自動車メーカーなど、いままでITシステムのユーザーであった企業もITベンダーの技術やIaaS（Infrastructure as a Service）、PaaS（Platform as a Service）等のプラットフォームを活用して、自社の業界に特化したプラットフォーム戦略を展開している（図表3－1）。これらの企業は、自社のプラットフォーム上で動くアプリケーションを多くのユーザーが活用することにより業界全体の標準ソリューションとして認められることを目指している。

彼らは自社のプラットフォームが、帰属する業界においてどこよりも多く活用されることにより、同業界におけるデジタル戦略の覇権を握ることができると考えている。自社のプラットフォームが業界標準として認められると、多くのユーザー企業からデータを収集することが可能となり、さらにそのデータをもとにAIやアナリティクスなどを活用したソリューションサービス等の大きなビジネスが展開できると考えているのである（図表3-1）。

各業界に複数の大手企業が存在するなか、各社は自社のプラットフォームが最も多くのユーザーに活用されるように、開発競争をしている。それには、多くのユーザーが是非使いたいと思う「キラーアプリケーション」を普及させる必要がある。キラーアプリケーションが普及すれば、そこに紐づいているプラットフォームもその業界で一番使われるメジャーなプラットフォームになるためである。そのため業界プラットフォームを構築している大企業は、ハイテクベンチャーや研究機関に自社プラットフォームのAPIを公開し、資金援助などを実施することにより、自社プラットフォーム上でキラーアプリケーションが生まれることを期待している。米国企業はこのような取り組みを迅速に進め、市場でいち早く事実上の国際標準を獲得することができる傾向にあるためデファクトスタンダード戦略に強く、欧州企業はISO等の国際標準化機関での議論を経て公的に標準と認定することにより自社標準を進めるデジュリ戦略に強い傾向にある。

3　欧州企業のプラットフォーム戦略：CE×デジタル

前述のようなデジタルプラットフォーム競争が激化する状況において、昨今欧州企業がCEとデジタル戦略を融合させることにより、米国企業との差別化を図る動きが見られる。同戦略によるメリットは2点ある。1点目はCE政策によりユーザーを拡大させる可能性である。プラットフォーム戦略でキラーアプリケーションを生み出すには、どこよりも早く多くのユーザーを獲得することが必要である。例えば、近年産業機器メーカー等は、高額な機器のメンテナンスについてIoTを用いて遠隔で実施するアプリケーションの開発に注力している。これらの企業は同ソリューションを多くのユーザーを囲い込むキラーアプリケーションになりえるととらえ、グローバルに顧客を獲得するために事業展開を試みているのである。しかし多くのユーザーは、IoTを使った新たなサービスの利便性を認識するには時間がかかっており、米国企業も欧州企業もいまだプラットフォームの勝敗を決定づけるほどの多くのユーザーを獲得するにはいたっていない。

CE政策は設備の長寿命化を推進しているため、ユーザーにとってIoTメンテナンスサービスの必要性を認識する後押しとなる。その結果、欧州市場がうまく拡大すると、欧州企業のほうが米国型よりも多くの設備保全IoTサービスユーザーを開拓できる可能性がある。多くのユーザーを獲得すると、スピードで勝る米国型デファクト戦略への差別化要因となり、米国企業よりも先にプラットフォーム戦略の主導権を握る可能性が高まる。

さらにいくつかの企業は、CEへの取り組み手法を国際標準とするべくISO認定をリードし、認証ビジネスにおいて主導権を獲得することを狙っている。2018年6月にフランス規格協会（AFNOR）は、ISOにCEに関する新たな専門委員会設置を求める提案書を提出しているが、

図表 3-2　CE とデジタル融合による欧州型ビジネスモデル

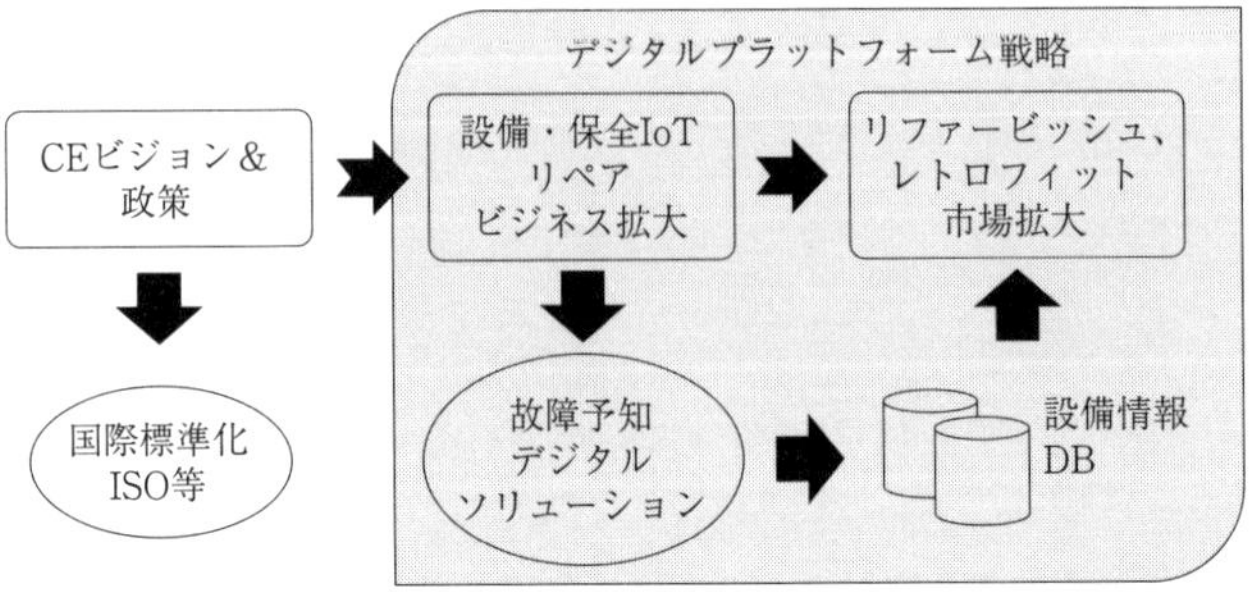

数年前よりAFNORのみならずさまざまな欧州企業が、EUやCEN－CENELEC（欧州標準化委員会）などにおいてCE標準化によるビジネスの可能性について議論を続けていた。認証基準でイニシアティブをとれば、認証ビジネスの大きな利益に直結する。

2点目は、CEとデジタル戦略の融合により自社のプラットフォームに顧客データが蓄積されることで、戦略の優位性が高まるという点である。例えば自社の設備保全アプリケーションが多く使われるようになると、自社で展開するプラットフォームには顧客設備に関するデータも多く蓄積されるようになる。蓄積された多くのデータをAIやアナリティクスを活用して分析できるようになると、リペアビジネス等顧客の設備に対してより充実したサービスを提供できるようになり、米国企業よりもかなりの競争優位性を獲得することが可能となる。顧客の設備関連データの蓄積は、プラットフォーム上でさらなるデジタルビジネスを生み出すことも可能になる一方で、レトロフィット、リファービッシュ等のCE関連ビジネスのマーケティングにも活用することができる。

このように欧州のいくつかのグローバル企業は、CEとデジタルを軸に幅広いサービスをトータルに展開している（図表3－2）。その根幹にはCEとデジタルを融合して社会・マーケットをリードする明確なプラットフォーム戦略があぶり出されている。より具体的に見るために次に、デジタル戦略とCE戦略を融合した戦略を展開している代表的な事例として、ドイツのシーメンス社とフランスのヴェオリア社の事例を取り上げる。

①シーメンス：設備保全ビジネスがプラットフォーム戦略を強化

シーメンスは、米国GEを中心に展開しているIndustrial Internet Consortiumに対抗して形成されたIndustrie 4.0に参加するなど、欧州の中でも早期にデジタルプラットフォーム戦略を始めた企業である。Industrie 4.0は産業機器分野のデジタルプラットフォーム戦略を展開する米国のデファクト戦略への対抗策として、**デジュールスタンダード**戦略に基づく国際標準化を軸に政府主導で進められてきた取り組みである。シーメンスや米国の同業他社は、自社のプラットフォームを市場に普及させるために、特に設備保全IoTアプリケーションをキラーアプリケーションととらえお互いに主導権を争っている。当初は米国企業のほうが展開のスピードが非常に速く、スピードが勝負といわれているデジタルビジネスにおいては優位性が高いと見られていた。しかし多くのユーザーが発想を転換して、機器の購買から保守メンテナンスサービスに移行するにはいまだ時間が必要であり、どの企業においても設備保全IoTサービスが大きな利益を生み出すにはいたっていないのが実情である。

シーメンスは、そこで自社のデジタル戦略と環境保護戦略を組み合わせることを米国企業との差別化要因ととらえ、プラットフォーム戦略を強力に推し進めている。具体的には、ニーズが増加しにくい設備保全ＩｏＴについて、ＣＥの観点からその正当性を唱えることによりヨーロッパで市場が先に開拓されることを狙っているのである。シーメンスの環境保護分野における国際標準化は、ＣＥ政策だけにとどまらない。同社は製品のエコデザインや企業としての環境保護政策についてすでに40年以上もの間取り組んでおり、ＣＥなどのひとつの規格にとどまらず、広範囲にわたり環境保護に関する標準的な取り組みを国際的にリードする存在といえる。

シーメンスはもともと設備メンテナンスサービスを実施していたが、自社プラットフォームを普及させるために、デジタルプラットフォーム上で展開される設備予兆保全ＩｏＴビジネスを強化している。また同社はリペア、レトロフィットビジネスも手がけており、デジタルプラットフォーム上で設備保全に関するデータが蓄積されることにより、両市場の成長をさらに推し進める可能性は高いといえる。シーメンスが手がける市場がどこよりも先駆けて成長を遂げることにより、同社は図表３‐２に見られる設備保全ＩｏＴサービス、リペア、レトロフィットなどのビジネスにおいて競争優位性を構築することが可能となる。

②フランス：地域資源循環ソリューションを軸にしたスマートシティプラットフォーム戦略

ＩＳＯに提案したフランスでは、廃棄物循環ソリューションに取り組む複数のグローバル企業が、世界各国にデジタルプラットフォームを構築してビジネスを展開している。例えば、ヴェオリアの企業活動は、水資源、エネルギー、廃棄物の循環マネジメントに関するトータルソリューションを通じて、都市や産業の持続的発展に参画することであると明確に謳っている。同社のデジタル戦略は、日本ではいまだ展開されていないが、グローバルには前記3分野を軸にハブ・グレードというデジタルプラットフォームを世界各国に構築している。同プラットフォームにより、ヴェオリアの顧客である地域や産業は効率的に水やエネルギーなどの資源にアクセスし、最適な活用ができることが売りとなっている。

同プラットフォーム事業を通じて、ヴェオリアは水、エネルギー、廃棄物マネジメントに関する顧客の設備情報をIoTシステムにより吸い上げハブ・グレードプラットフォームへの蓄積を進めていく。これによりヴェオリアは、顧客である自治体や企業に代わって資源の効率的活用について随時モニタリングすることが可能となる。例えば水道管の故障予知やポンプやファン等の部品のレトロフィットも可能である。さらに収集したデータを用いてデータ分析が可能となるため、例えば機械学習によるビルの照明、空調などの効率的なエネルギー消費の提案等、ソリューションのさらなる効率化が可能となる。世界各国にハブ・グレード事業を展開している同社は、同プラットフォームを活用して、資源循環活用ソリューションの世界標準化を狙っていると見ることができる。

同社は環境分野における国際標準に関連した事業についても取り組んでいる。例えば自治体向けには、ISO9001（質の良い製品提供のための組織内システム管理）やISO50001（エネルギーマネジメント）獲得に向けたコンサルティング事業を実施している。ハブ・グレードによる水やエネルギーのモニタリング事業は、顧客にとってこれらの国際標準認証への近道を意味しており、環境政策分野における国際標準化によるデジタル市場開拓を後押しすることに繋がる。同社は今後ＩＳＯにおけるＣＥの検討が進化するにつれ、ＣＥを軸にした国際標準を活用した事業にも積極的に取り組むことが予想される。

これらのフランス企業は、自社の具体的な解決策としては廃棄物、水、エネルギー分野を中心に展開するが、当該地域の発展に関してはデジタルプラットフォームの提供により他の企業よりも顧客との関係性を深く構築し、当該地域ビジネス全体における主導権の獲得を狙っているととらえられる。例えばヴェオリア社は約２００もの開発者と提携して、同社のデジタルプラットフォーム上で大気汚染情報や都市内の駐車場の空き情報等を住民に提供している。これらの取り組みは、都市に存在する広範囲な問題についてデジタル技術を活用して解決するスマートシティソリューションであり、同社はスマートシティソリューションというより大きなマーケットに対して、廃棄物循環ソリューションをキラーアプリケーションと位置づけ、プラットフォーム戦略によりイニシアティブを獲得することを狙っているとみることができる。

以上、設備メンテナンス、資源循環分野の２つのソリューションについて、欧州企業がＣＥとデジタルを軸にしたプラットフォーム戦略において競争優位性を獲得する可能性を指摘した。ケースとしてシーメンスとヴェオリアを取り上げたが、両社とも図表３－３の上段に見られるような自社のプラットフォーム拡大と、拡大に成功した後のデータ蓄積という２つの競争優位性を意識した展開を実施していると見ることができる。

図表 3-3　欧州企業のプラットフォーム戦略への取り組み

	プラットフォームソリューション拡大	プラットフォーム拡大後のデータ蓄積
設備保全メンテナンス、資源循環ソリューション	サーキュラーエコノミービジネス、デジタルビジネス相互作用による市場開拓が自社のプラットフォーム優位性をもたらす	ソリューション拡大によるユーザーデータ蓄積・分析により、ユーザー企業・組織を凌駕するソリューションノウハウを蓄積
上記ソリューションの差別化：顧客接点	顧客エンゲージメント（関わり）をもとにしたソリューション差別化	多くのユーザー獲得により標準化されたソリューション拡大による顧客囲い込み強化

4　プラットフォーム戦略がもたらす顧客接点強化

ここで重要なことは、提案している企業は、決して自社が誇る技術的な解決を前面に出しているわけではないという点である。あくまでも顧客が最大の効果が得られることを最優先する姿勢を明確にしたうえで、自社のサービスを展開している。両社ともそのために、顧客と共同でアプリケーションを開発している動きが見られる。

例えばシーメンス社は設備保全メンテナンス事業において、将来的にはパッケージソリューションによる標準的な展開を狙っているとはいえ、現時点において現場で使いやすくなければ顧客に受け入れてもらえない。現在多くのグローバル企業は、「使いやすい使われるシステム」を構築するために、早期に獲得した顧客と協力した取り組みを実施している。

「共創」といわれるこの取り組みは、ソリューションプロバイダーが一方的にサービスを提供する従来のやりかたではなく、ユーザーも現場のノウハウを提供するかたちで共に優位性のあるソリューションを創り上げていく。さまざまな企業や事業が連携することにより、大きなシステムを構成するエコシステム的な視点を重視している。

ベンダーが顧客との関わりを強化することにより、より多くの顧客がベンダーのプラットフォームを活用し、データを蓄積していくことに繋がる。ベンダーは自社のプラットフォームが拡大すると、世界中のユーザー企業のノウハウが蓄積されるため、競合他社にない差別化されたソリューションが可能となり、さらなる顧客囲い込みに繋がることが期待できる（図表3－3）。

5　日本にとってのリスク

前記に見た状況は、ソリューション提供企業としてもユーザー企業としても展開が遅れがちな日本企業にとっては、大きなリスクであることを指摘したい。

欧州の戦略が軌道に乗ると、プラットフォーム企業は顧客データをグローバルに幅広くプラットフォーム上に蓄積することができるようになる。今後はビッグデータやＡＩ技術がさらに発展することにより、それらのデータを分析しより効率的なソリューションを自社のプラットフォームを通じて標準的に提供することが可能になるであろう。グローバルに多くのユーザーに関するノウハウを集めたベンダーのデータ分析による見解は、一ユーザー企業の製品ライン担当者の設備関連ノウハウよりも効率的な解決策となることが期待できる。これは、これまで現場の使い勝手等をもとにユーザー企業が主導していたソリューション業務を、プラットフォームベンダーが代替できるようになることを意味する。

最悪のケースでは、例えば製造設備のパフォーマンスについて、ユーザー企業はプラットフォームベンダーにすべてをお任せする、ということになりえる。つまり究極には、膨大なデータを活用するプラットフォームベンダーの方が製造企業の根幹を形成する製造ノウハウに精通するようになり、製造企業は「単に製造ラインという箱を持っているだけ」となるリスクがある。このような状況になると標準化戦略によく見られるように、ユーザー企業は自社の製造ラインであるにもかかわらず、世界標準的なソリューションを有するベンダーの方針に従わざるをえなくなり、製造プロセスの主導権をベンダーに渡してしまうことにもなりかねない。展開が遅れている日本企業は、自社で大切に積み上げてきたノウハウが通用しなくなるリスクが発生する。

同様に地域インフラ資源循環ソリューションについても、将来的には地域のステークホルダーではなく、ソリューションベンダーが主導権を握るようになる可能性がある。例えばヴェオリア社は、ハブ・グレード事業についてアジアでは中国を中心に展開しているが、日本にはいまだ展開が見られない。以前調査で訪れた際にヴェオリア社は、中国との数十年にわたる協力関係を強調していた。同社は強い協力関係を発展させ信頼関係を構築したうえで、中国におけるデジタル資源循環ビジネスを展開しているのである。

もし同社と中国ユーザーとの「共創」が順調に進めば、アジア地域におけるインフラ資源循環ソリューションのデファクト標準を両者で創り上げられてしまう可能性があり、その後日本でも同ソリューションが標準的に展開される可能性もある。その場合、中国で生み出されたソリューションが日本の現場に適応できなくても、合わせざるをえず、現場の主導権をとれなくなる。さらには、多くの日本企業にとって海外展開の大きなターゲットとなりえるアジア市場も席巻される可能性がある。そのような場合、日本だけが国際的な動向から置いて行かれる可能性が高い。日本企業は、海外企業が展開するグローバル戦略に対して「何もしないリスク」を考えるべきなのではないか。

6 提言

本章では、欧州グローバル企業が展開するCEとデジタルの融合によるプラットフォーム戦略と、もたらされるリスクについて概観した。最後に、日本企業がCEとデジタル技術を活用したプラットオーム戦略を展開するにあたり、2つのことを提言したい。

①経営戦略本部によるステークホルダーとの積極的なコミュニケーション

いま日本企業にとって最も必要なことは、経営トップおよび全体を統括する経営戦略本部が従業員、顧客、株主等ステークホルダーの「意識変革」に向けてコミュニケーションをとっていくことである。日本企業は、長年培ってきた「ものづくり」技術を重視する傾向が高く、ハードウェアそのものだけに価値を見出すビジネスからの脱却は、欧米企業以上に困難性を伴う可能性が高い。実際に、IoTによる設備見守りサービスについても、すでに多くの欧米系ハードウェアメーカーがサービス展開をしているのに比べて、日本では僅かな企業による展開に留まっている。また日本の企業は、重要な意思決定が現場重視で行われるケースが多い傾向にある。現場での意思決定は、技術の実装可能性を高め着実な取り組みが見られる一方で、とかく競合企業やマーケットを考慮に入れた新たな取り組みが二の次になってしまい、現在の競争環境に立ち遅れた取り組みになるケースが多い。企業が生き残るためには、広い視点からマーケットや競合の動向変動を分析することができる経営トップや経営戦略室が、明確な指針を示して従来のビジネスを徐々にでも変えていくために必要な意識変革を進めていくべきである。

２０１９年に訪問した際には、シーメンス本社が社内外への積極的かつ効果的なコミュニケーションをとっていたことが印象的であった。同社社内でのソリューションサービス事業への移行は現場から自然発生的に起きているわけではなく、経営戦略サイドからの積極的な働きかけが奏功しているととらえることができる。現状では同社においてもハードウェア売り上げによる収益の割合が大きく、ＩｏＴサービスについてはいまだ非常に大きな市場規模にいたっているとはいいがたい。このような状況において既存の産業機器自体の製造販売中心によるビジネスモデルを転換し、ソリューションサービスを普及させることは関係者間で利害が異なるため容易ではない。例えば、ＣＥＯは数年後を見据えて新たにＩｏＴサービスを開始すべきだと考えるが、経理部は単年度の利益が下がるようなことは株主から文句が出るためやめてほしいと主張するため、「抵抗勢力」になりえる。営業部署もこれまでハードウェアの販売実績で評価されてきた体制を変えることには抵抗感を覚える。ソリューションサービスを始めても、顧客への説明が難しいうえ、最初は特に売り上げが下がる可能性もあるため、モチベーションが上がらない。一方で、マーケティング部署は今後の潜在的なニーズを取り込みたいため、新たなサービスには積極的である。製造部署は、これまでプライドを持ってつくってきた製品を否定された気分になり、やる気がそがれてしまうかもしれない。ソフトウェアプログラマーたちは、本来は製造部署とも連携して新しいサービスをつくる必要があるが、やる気のない製造部署と話し合うことができず満足なサービスを生み出しにくくなる可能性がある。

シーメンスは、このように関係者間でバラバラになりがちな意識を統一して新たなサービスを展開していくために、本社戦略部が株主、現場を含めた社内各事業部署、供給会社など自社のキーとなるステークホルダーとのコミュニケーションを欠かさず丁寧に実施し、なぜシーメンスにとってCE戦略を重視する必要があるのか？　なぜ新たなプラットフォーム戦略が今後重要となるのか？といった各所からの問いに対して、丁寧かつわかりやすい説明を心掛け、常にコミュニケーションをとるように留意している。

ヴェオリアについては訪問時に、顧客の立場に立ったコミュニケーションに留意している点が印象的であった。同社をはじめとした複数のフランス企業は、スマートシティソリューションを展開するにあたり、顧客となる地域の立場に立って、地域のステークホルダーとともに地域に生じている問題を最初の段階で明確化、共有している。そのうえであくまでも地域の視点に立って、なにが最善の解決法であるかを共に考え、結果的にデジタル分野におけるソリューションを提案していることで顧客の立場を貫く点が特徴的である。図表３－４は、欧州ベンダーに標準的に見られるスマートシティ顧客への提案ステップを表している。欧州企業がまず都市や社会における問題から考え、そのうえでなぜ同地域にスマートシティという解決法が必要であるかについて、顧客とともに検討

図表 3-4　欧州企業によるスマートシティ展開ステップ

都市問題の定義	解決策ビジョンを共同で策定	フィージビリティスタディ	ソリューション本格展開
当該地域の視点で問題を探索・定義・投げかけ	定義された問題に対して、顧客と共に解決策を策定	キラーアプリケーションと想定される分野から実施	デジタル×CEソリューション展開により、データプラットフォームを増強

しているのに対し、日本企業は、第1、2段階を飛ばしてフィージビリティスタディから入り、技術的観点からコンサルティングを始めているのが現状なのではないか？　これでは最初から日本の技術による解決策ありきで話を進めることになる。顧客に受け入れられるサービスを展開するには、最初から自社の得意な技術ありきで話すことよりも、顧客の立場になって共に解決策をつくり上げていくことが必要である。

　訪問時にシーメンスやヴェオリアの担当者と話した際、ステークホルダーを「convince」するという言葉が多用されていた。ロングマン英英辞典によると、convinceとは（1）to make someone feel certain that something is true、（2）to persuade someone to do somethingとある。両企業では現場にいるハードウェアの製品担当者が、経営陣からの働きかけなしに自ら積極的にハードウェア中心ビジネスからの脱却を検討したり、株主が財務指標よりも環境保護を優先するなどということは想定していない。経営戦略サイド自らが、ステークホルダーの意識変革に向けた積極的かつ丁寧な説得を重ねることの重要性を認識し、動いているのである。

　日本企業においても、CEをはじめとした環境保全やデジタルを考慮した企業戦略ビジョンや、新しい社会ビジョンを早急に策定し、その必要性について積極的にステークホルダーと話し合い「convince」する姿勢が重要となるであろう。

②日本企業の強みを活かした戦略ビジョンの策定

日本企業は、短期的な現場レベルでの工夫や戦術に長けているのに対し、より長いスパンで進むべき方向を示した経営戦略ビジョン策定に弱いといわれる。実際に、重要な意思決定がボトムアップで実現するケースも多い。背景には過去の成功体験をもとに、現場で確固とした技術力をベースに製品開発をしていけば激しい国際競争を乗り切ることができるという確信に近い考えが存在する。しかし、現在はデジタル技術を中心として技術開発のスピードが速いのみならず、従来のテクノロジーを破壊するような新たなテクノロジーが世界各国どこからでも出現し、プラットフォーム企業がそれらを囲い込み新たな市場創出を狙う時代になってきている。長きにわたり現場で培った技術も、迅速に置き換えられてしまう可能性が高まっている。

ＧＡＦＡの近年の台頭に見られるように、プラットフォームビジネスでは一度獲得した競争優位性が未来永劫続く保証はどこにもない。技術、顧客ニーズ等日々変化する環境を常にウォッチし、多くの顧客ニーズを勝ち取った企業が規模の大きなプラットフォーム企業よりも競争優位に立つ可能性がある。日本企業が現在の競争構造の中で競争優位性を獲得するためには、従来とどこが異なるのかを示したうえで進むべき方向性を明確にした戦略ビジョンを策定し、ステークホルダーの意識変革を実施することが重要である。

近年ＥＳＧ指標に基づいた経営の重要性が広く認識されており、財務指標のみならず社会、環境にもたらす影響を考慮した企業が高い価値を有するという見方が一般的になりつつある。訪問時にはシーメンスもヴェオリアも、自社の活動や社会におけるミッションを、簡潔かつ多くの人にわかりやすい言葉で表現している点が非常に印象的であった。グローバル企業は、各々の強みを活かしたビジネスの社会における重要性を発信しており、社会に新たな変化を起こすリーダーとしてのビジネスモデル確立を狙っている。

日本の多くの企業からは「当社はプラットフォーム戦略についてはアクションを起こしている」という声を聞く。なぜかというと、自分たちはグローバルなプラットフォームに「参画」しているからだという。しかし優位性の高いプラットフォームに単に参画しているだけでは、短期的に小さな利益獲得が期待されるだけで、ビジネスの主導権は獲得できず、中長期的かつ持続的な高収益は期待できない。グローバルなベンダーにとっては、参画しただけの日本企業は自分たちの構築するプラットフォームの中での単なる1社という位置づけである。別の言い方をすると、多くのユーザーを引き寄せるキラーアプリケーションに関係の無い企業の参画は大きな価値も利益ももたらさない。

米国、欧州、中国の各企業は、グローバルマーケット動向をとらえた中長期的戦略ビジョンのもとでプラットフォーム戦略を進めている。これからの日本市場は縮小傾向だと思われるなか、日本の製造業はプラットフォーム戦略もグローバルに視点を広げて考え直すことが急務である。「後追い」で欧州企業の取り組みにテクニカルに対応するだけではなく、日本企業としての明確な経営戦略ビジョンを示し、他の国と前向きにCE、地球環境問題への解決策を共に創り上げていく姿勢が必要なのではないかと考える。具体的にはグローバル市場を見据えてプラットフォームの価値を共に高めていく「共創」や「提携」をしていくべきであり、参画だけで安心しないことが重要である。

7　さいごに：日本型コミュニケーションの重要性

本章では、欧州企業が中長期的なビジョンのもと、CEとデジタルを融合させた新たな戦略により米国のデジタル戦略との差別化を図っていることについて述べた。紙面の都合上、製造業等一部の産業分野に限定して議論したが、材料、部品等日本企業の競争力が非常に高いといわれている業界においても、同様の動きが見られることにも注意すべきである。欧州企業によるCEとデジタル融合戦略は、業界問わずに日本企業に影響を及ぼす可能性が高いといえる。日本は今後の人口減少が予測されるなか、近年のGDP成長率が高くても1％台が続いており、日本経済の世界での立ち位置は縮小傾向が予測されている。多くのグローバル企業で新たな戦略ビジョンが見られ国をまたいだ提携が進む一方で、日本企業だけが従来のやり方の延長線上で生産活動を続けていくだけで本当に生き残れるのであろうか。

実際に企業を新たな方向性に導くことは、社内の従来の考え方を180度変革することを意味するため、非常に難しい。一人ひとりが徐々にでも意識を変えていくには、欧州企業が実践しているようにシンプルではあるがコミュニケーションを深めていくことが不可欠である。しかし先に述べたように、営業部署とマーケティング部署、製造部署等異なる部門間で利害を調整して新しい方向に向かうためのコミュニケーションには、十分な考慮が必要となる。最後にその際に考慮すべき2つの観点を提案したい。

1点目は、相手の考えを傾聴する姿勢で臨むことである。違う利害を持つ相手とコミュニケーションをとるには、まず相手の要望や指摘を理解することが必要である。大きな組織では、つい利害が異なる組織の要望を聞かずに、自分の意見を押しつけることに専念してしまうケースがよく見られる。しかし、相手の主張を知らずに自分の意見だけを理解してもらうことは不可能であろう。

2点目は、相手に理解して欲しいという姿勢で話すことである。相手の要望を理解したら、次は自分たちの考えについて相手の要望を考慮したうえでわかりやすく話すことが重要である。また同じ社内といえども、例えば営業と製造部署等のように部署間で使っている言葉の意味合いが異なるケースは多い。大事なことを相手がわかっているものと思い込んで話したり、自分たち特有で使う専門用語を相手が知らないことに配慮がない等の姿勢を見せると、コミュニケーションは不可能になる。相手のいうことを理解し、自分も相手の主張を理解するために、お互いの違いを認識し埋めていくためのコミュニケーションが必要である。

第4章

「ものづくり」視点からのサーキュラーエコノミー

梅田　靖

ＣＥに代表されるサステナビリティ革命と、第3章で解説したデジタル革命の2つの大きな変革の中で、ものづくりのありかたが大きく変わろうとしている。今後のものづくりを考えるうえでこの2つが大きな柱となることは間違いない。サステナビリティ革命に関していえば、２０１５年の三つ子といわれるように、それぞれ２０１５年に発表された、ＣＥ、気候変動枠組み条約におけるパリ協定、国連のSDGs（Sustainable Development Goals）に顕著なように、時代が明らかに変わり、企業経営にサステナビリティをとり入れることがグローバルスタンダードになってきた。

しかし、日本企業は、従来の環境対策と同様の態度で、後追い、規制追従型であり、例えば、これをイノベーションやビジネスチャンスに結びつけようとする積極性、経営の意思決定への浸透度、各事業への浸透度が欧米の企業に比べて決定的に弱い。一方のデジタル革命にしても、ものづくりの文脈で考えても、ドイツからIndustrie 4.0が提唱されたのに対して、わが国もSociety5.0を打ち出し動き始めたものの、１９８０年代に第3次産業革命を主導したわが国の製造業からこの間、新しいものづくりのありかたを発信できなかった。

前章と論点が重なるが、Industrie 4.0にわが国の製造業がついて行けていない、ついて行けそうにない点が2点ある。ひとつは、Industrie 4.0がいう、標準化を通じた企業間をまたがるネットワーク化、情報化に追従できないということ。日本企業は企業文化として、企業の壁を越えるのが極めて困難であり、直接ネットワークで結ぶということができそうにない。もうひとつは、日本メーカーも工場、生産設備の自動化を高度に進めているものの、個社のやりかたを自動化、情報化したために、汎用的なフレームワーク、プラットフォームをつくれなかった。そのため、例えばIndustrie 4.0 においてシーメンスが推進しているものづくりにおけるプラットフォーマーへの道をわが国の製造業が辿れないでいる。つまり、日本流の高品質なものづくり、わが社流のものづくり、さまざまな既存の生産設備などあらゆる面でのレガシーが大きすぎて、大きな変化に追従できないでいるのだ。

1　ものづくりへのＣＥの影響

ものづくりへのＣＥの影響の第1は、まさにリニアエコノミーからＣＥへの転換に伴って、再製造、アップグレード、メンテナンス、リユース、リサイクルなどさまざまな循環が本来的に不可欠であり、それが旧来の意味でのものづくりと不可分になるということだ。念のため、ＣＥの特徴を以下のようにまとめておく（国際会議 CareInnovation 2014 における、ＥＣ担当者の講演に基づく）。

- エコ・イノベーション：漸進的でなく大きな変化
- 資源効率（Resource Efficiency）：リユース、メンテナンス、アップグレード、材料リサイクルなどを含む資源循環を大幅に高度化し、資源の効率的な利用を飛躍的に向上させる（レアメタル・レアアースの代替も含む）
- 持続可能な材料利用：ゴミではなく資源、大量生産ではなくカスタム化、枯渇ではなく再生
- 製品サービスシステム：消費者ではなく使用者、所有ではなくシェア

・循環経済：経済システムが循環を前提としたものに変革する

特に重要なことは、これらが、環境負荷削減や資源枯渇対応に結びつくのは当然として、雇用の確保とEUの競争力の強化に結びつく成長戦略であると明言している点だ。2000年にできたわが国の循環型社会とは基礎となる考えかたでは大きな違いはないが、以下の点で画期的な違いがあると考える。

・経済成長政策であり、経済の仕組みの変革にまで言及している点。
・製品サービスシステムなど、ものの所有や使い方の変革を織り込んでいる点。
・廃棄物処理としての3Rではなく、資源確保、資源効率向上戦略としての多様な循環の実現を謳っている点。

このような考えかたは、EUだけに閉じたものではない。例えば、2017年のG7ボローニャ環境大臣会合のコミュニケの付属書においては、資源効率の重要性が指摘され、製品寿命延長に関する政策として「再製造・改修・修理・直接再使用（RRRDR：Remanufacturing, Refurbish, Repair and Direct Reuse）」が言及されている。これはEU政策の一部とよく一致している。

国内の資源循環関係の研究者の間でも、実現可能性を含めてCEの意味などの議論を行っているが、その議論を現時点でまとめると、2つのことがいえるのではないかと思う。

第1に、デジタル革命に裏打ちされ、多様なクラウドサービス、ダウンロードサービス、サブスクビジネス、シェアリングエコノミーに代表されるように、人々の価値観が所有価値から使用価値、体験価値に大きく動きつつあるのではないか。そうでなければ、CEの実現は非常に困難だ。関連して、2019年1月の欧州調査において、欧州委員会環境総局の担当者は、人々の意識が変わってきて、工業製品をできるだけ長く使いたい、故障しても修理して長く使いたいという意識が高まっている、だからこそCE政策は市民に支持されていると発言していた。日本ではそこまでは行っていないと思うが、市民の価値観がCEの大きなドライビングフォースであることは間違いなく、今後の動向が注目される。

第2に、多様な循環を実現し資源効率を高めるためには、循環をビジネスとして開発し、運営管理する必要がある。これは、製造業者が必ずしも得意ではない分野だ。特に、アジアメーカーが欧州市場で循環ビジネスを実施するのは極めて難しいと思われる。とすると、このような循環ビジネスを業とする者、ここではこれを仮に「循環プロバイダー」と呼ぶことにするが、この循環プロバイダーが現れ、力を持つ可能性がある。携帯電話キャリアやカーシェアリング業者がライフサイクル方向にビジネスを展開するイメージであり、前章でいったところの、メンテナンス・プラットフォーマーのイメージだ。製造業者と循環プロバイダーの力関係は、かつての携帯電話メーカーと大手携帯電話キャリアのような関係になるかもしれず、自動車メーカーがカーシェアリング業者の指示のもとに乗用車を設計、製造するようなことが起きるかもしれない。

CEの実装手段として、製造業に対して最も影響が大きいのは、「**エコデザイン指令**」だろう。欧州委員会は、EcoDesign Working Plan 2016-2019〔1〕を2016年に発表し、この計画に沿って着実にエコデザイン指令を改正しつつある。このWorking Planでは、エコデザイン指令はこれまでエネルギー効率向上が中心だったが、今後はCEへの貢献を高めていくとしている。特に、以下の3点が注目に値する。2019年1月の欧州調査において、欧州委員会環境総局の担当者が発言したこともエコデザイン指令に関しては、ほぼこれに沿ったものだった。

まず、耐久性（例：製品や重要部品の最短寿命）、さらに補修性（例：予備部品、修理マニュアルの入手可能性、易修理性設計）、アップグレード性、分解のためのデザイン（例：特定の部品の容易な除去）、情報提供（例：プラスチック部品のマーキング）、リユース・リサイクルの容易化（例：相溶的でないプラスチックの回避）。これらの要求を加えることの可能性を検討するとしている。

次に各製品において、材料効率を向上させる余地をよりシステマティックに調査するために、エコデザインのためのCE「ツールボックス」を開発すること（注：この具体的な姿はまだ見たことがない）。

また、製品寿命の延長、使用済み製品からの部品のリユースと材料リサイクルの可能性、製品中のリユース部品やリサイクル材料の使用などといった観点について、標準化を欧州標準化団体「CEN-CENELEC」「ETSI」に求めることを挙げている。

実際、このWorking Planに沿って改訂された最初のエコデザイン指令の基準がエンタープライズサーバーの分野で策定された〔2〕。そこでは、(1)高温での動作時のエネルギー消費量と信頼性に関する情報を提供すること、(2)安全にデータを消去できる機能を付けること、(3)リユース業者に最新のファームウェアを提供できるようにすること、(4)重要部品を分解容易にすること、が求められている。すなわち、メーカーがリユース業者や再生業者の利便性を高める設計をしなければならないのである。

2　ものづくりの今後の姿

ＣＥとデジタル革命が今後のものづくりの二本柱になるとすると、その姿はどのようなかたちになるのだろうか。少なくとも、大量生産・大量廃棄型ではないだろう。議論の叩き台として以下にいくつかの点を挙げていく。

まず、製品サービスシステム、シェアリングなどの「ビジネスモデルの転換」を自由にデザインし、実装する技術が重要になる。ＣＥ社会においては、誰がものをつくるかだけではなく、誰がそれを循環させるかも重要になる。すなわち、もの、情報、お金が循環する仕組みをつくることが大切であり、大量生産・大量廃棄から脱却した価値づくりビジネスの構築力が問われる。これが、前述の「循環プロバイダー」の役割となる。

さらにデジタル技術の活用により、循環プロバイダーがすべての製品や部品の状態をリアルタイムに把握できるようになる。これは、現在でもスマートフォンや高級乗用車、建設機械において実現されているが、それが大幅に普及する。現状これらの製品においては収集された情報を循環のために充分に活かし切れてはいないが、今後はこの情報をフルに活用したＣＥ化、すなわち長寿命化、保全・修理、**リマニュファクチャリング・リファービッシュ**、リユース、高付加価値なリサイクルなどを高いレベルで実現することが不可欠になる。充分に情報が収集でき、ＣＥのための技術が充分に開発されれば、その製品や部品の品質、信頼性、余寿命の見える化など、マネジメントすることが可能になるので、最終的には、そこではバージン品、再使用品・リサイクル品の違いはなくなる。

そして、情報化を伴うサービス化が進展する。人工物を最大限有効活用して使用価値、体験価値を最大化するために、情報化を伴うサービス化が進展する。これは、種々のシェアリングサービス、サブスクリプションビジネス、さらには製品サービスシステムや、製品の使用段階のサポートやマネジメントを含む。

これらの動きの中では、製品設計も変化する。所有からシェアリング、製品サービスシステム化が進展した場合、これに応じて製品設計も変化する。例えば、カーシェアリング専用車の設計など、所有ではなく使用者がその時々で変わることに合わせてパーソナライズする製品設計やさらなるIoT化の進展が予測される。

さらには、CEが要請するような、長寿命化、保全・修理、リマニュファクチャリング・リファービッシュ、リユース、高付加価値なリサイクルを可能にするような設計が必須となる。これについては、次節で述べるライフサイクル設計が重要になる。

3　CEを実現するための技術

ここまで見てきたように、CEは経営のありかた、ビジネスモデル、製品設計、資源循環の方法を含めて、ものづくり、ものの使用に関わるあらゆる側面の変革を求めるものになる。技術的には、材料技術、洗浄技術、検査技術などの要素技術に加えて、これらの要素技術を組み合わせて、ある目的に合ったシステムを構築、運用する「システム技術」が必要となる。特に、CEに謳われているような長寿命化、保全・修理、リマニュファクチャリング・リファービッシュ、リユース、高付加価値なリサイクルなどの高度な循環を含む製品循環システムを構築するためには「ライフサイクル工学」と呼ばれる技術体系が極めて重要かつ、CEの実現に不可欠であると考えられる。すなわち、CEに謳われる高度な循環は、自然に生み出されるのではなく、あらかじめ設計し、適切にマネジメントしないと実現できないと考えている。

ライフサイクル工学とは、製品の一生（ライフサイクル）を企画、設計、運用保守、管理するための技術体系であり、製品ライフサイクルの見える化、設計、分析、マネジメントの統合的実施を可能にするものだ。これによって初めて、CEが実現可能になる。「循環プロバイダー」は、ライフサイクル工学を活用し、製品ライフサイクル全般にわたる見える化とリーン化（あらゆる面での無駄の削減、高効率化）を実現するシステムを構築しマネジメントすることがミッションとなる。ライフサイクル工学に含まれるキーワードには、3R（リデュース、リユース、リサイクル）、リマニュファクチャリング、保全・修理、アップグレード、製品設計、ライフサイクル設計、製品サービスシステム、ビジネスモデル、ライフサイクルアセスメント（LCA）などが含まれる。よく知られているLCAは、製品ライフサイクルにわたる環境負荷を「評価」するための方法論であり、ライフサイクル工学はそれを利用しつつ、ライフサイクルを設計したり、管理したりするための技

図表 4-1　ライフサイクル設計の流れ

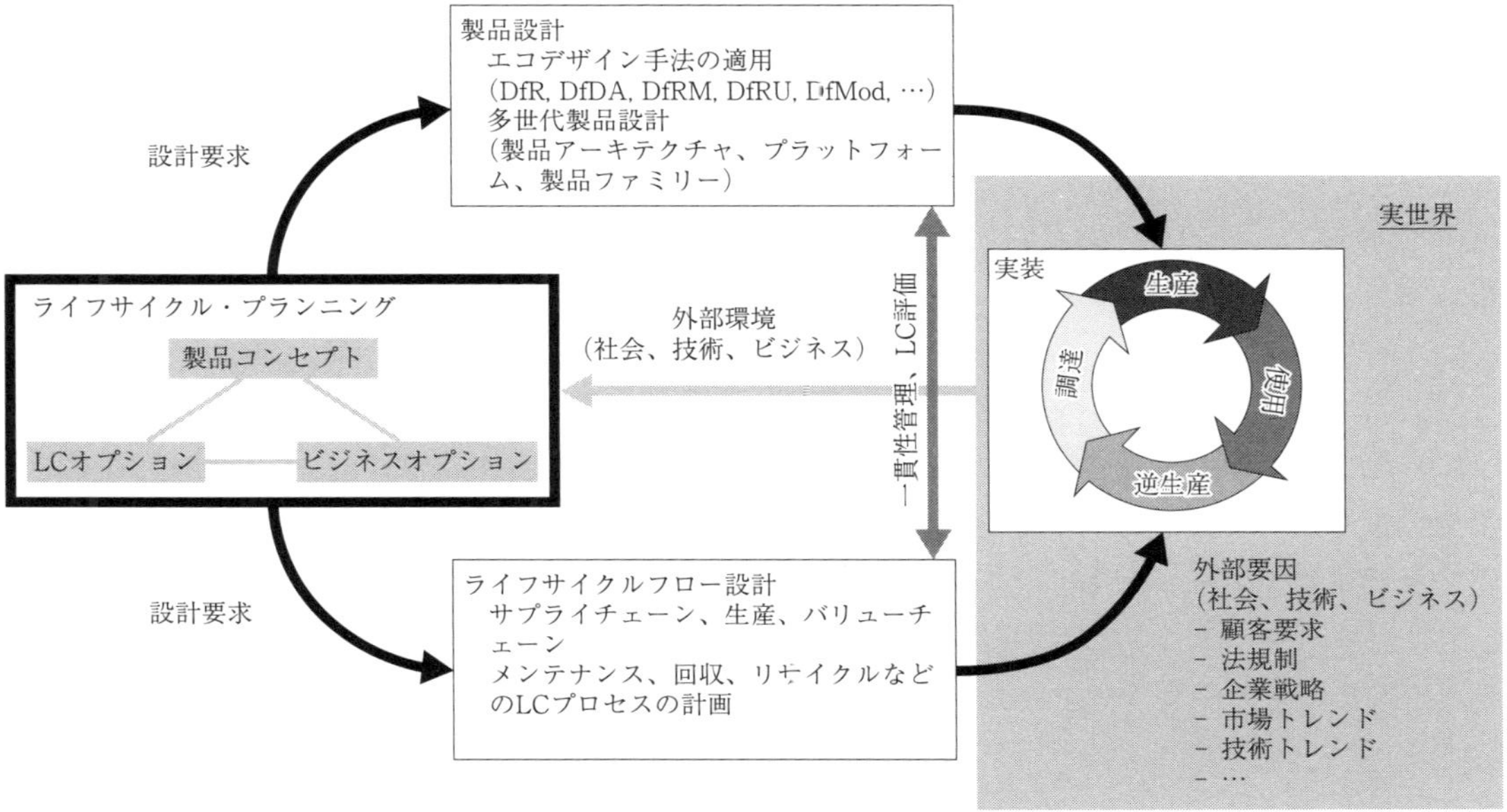

（出所） Y. Umeda, S. Takata, F. Kimura, et al., "Toward Integrated Product and Process Life Cycle Planning – an Environmental Perspective –," *CIRP Annals - Manufacturing Technology*, Vol. 61, No. 2, pp. 681-702, 2012.

術体系である、という違いがある。

実際、欧州調査報告で述べられているように、メーカーとしてCEに向けた生産、保全・修理、サービス提供などを総合的に実施しているシーメンスにおいても、ライフサイクル工学に含まれる技術がさまざまに活用され、さまざまな「システム」が機能している。

ライフサイクル工学の中でもCE型の循環システムを構築するためには、ライフサイクル設計が重要となる。ライフサイクル設計とは、製品に加えて製品のライフサイクルそのものを設計するということを意味する〔3〕。ライフサイクル設計が重要な理由は、エコデザインなどの製品設計では、リマニュファクチャリングやリサイクルを容易にし「可能性」を高めることまでしかできず、その実効性を担保するためには循環システム（すなわち、製品ライフサイクル）の設計が不可欠だからだ。

例えば、エコデザインのよくある例として、家電品の設計において、ネジの本数を表示したり、ネジの方向を統一したりして分解性を高める設計が行われている。これらは、現にリサイクルの「可能率」を高めている。しかし実際は、その製品は分解されずそのままシュレッダーにかけられるということが起きてしまう。この場合、分解性設計は活用されず、リサイクルの「実効率」は向上しないということになる。このような事態を避けるためには、その製品のライフサイクルに適した、効果のあるエコデザインを実施しなければならないし、逆に、その製品に適したエコデザインを効果的に活用できるような循環システムを実現しなければならない。つまりは、製品と製品ライフサイクル（＝循環システム）を統合的に設計することが必要になる。

ライフサイクル設計の流れは図表4－1のように整理できる。すなわち、ライフサイクル・プランニング、製品設計、ライフサイクルフロー設計、および実世界での実装だ。これらの中で、従来の意味でのエコデザインとして行われているのは、製品設計の部分、および「LC（Life Cycle）評価」のみといえる。逆にいうと、ライフサイクル全体のプランニングやフロー設計はまだ充分に実施されていないといってよいだろう。実際、エコデザイン指令においても基本的に「可能率」を高める、製品設計に対する要求がリストアップされている。

実世界においては製品ライフサイクルを取り巻く外部要因のさまざまな影響を受け、そのライフサイクルが成り立っている。例えば、顧客の要求、法制度、企業戦略、市場トレンド、技術トレンドなどだ。製品ライフサイクルの設計者（ライフサイクル設計者）は、これらの外部要因をコントロールすることはできない。これら外部要因のもとで、ライフサイクルが成立するように設計する。ライフサイクルを設計するためにはまず、ライフサイクル設計者はこれらの外部要因と現行のライフサイクルを把握したうえで、ライフサイクル・プランニングを実施する。ライフサイクル・プランニングは、製品ライフサイクルの全体計画を立てる重要な段階であり、3つの要素を統合的に決定しなければならない。

すなわち、①顧客に提供する価値である「製品コンセプト」、②売り切り、シェアリング、レンタル・リース、サブスクリプションなどビジネスの実施方法を決める「ビジネスオプション」、および③長寿命化、保全・修理、リマニュファクチャリング、リサイクルなど製品や部品の循環方法を決める「ライフサイクル（LC）オプション」だ。ここで製品ライフサイクルの全体計画が定まれば、それを実現するために、製品設計、およびライフサイクルフロー設計に展開させられる。製品設計においては、種々のエコデザインの手法が適用される。さらには、製品アーキテクチャ設計、製品のプラットフォーム設計、製品ファミリー設計など多世代製品を見渡した製品設計が重要となる。

一方、ライフサイクルフロー設計においては、サプライチェーン、生産、バリューチェーンの流れを設計することと、メンテナンス、回収、リサイクルなどのライフサイクルの各段階のプロセスを計画、設計していく。製品設計、ライフサイクルフロー設計は協調して実施し、両者の一貫性を常に管理する必要がある。両者の設計が終了した後、設計したライフサイクルを実世界で実装して、ライフサイクル設計の1サイクルが終了する。

ライフサイクル設計の中心である、ライフサイクル・プランニングにおいて重要な2つの技術に触れておこう。第1に、製品コンセプト・ビジネスオプション・ライフサイクルオプションの組み合わせ（ライフサイクルプラン）は多様なものが考えられるということ。例えば、ボールペンを例にとっても、使用済みの製品を回収し、工場で再生（リマニュファクチャリング）し、改めて顧客に提供するようなシナリオも考えられるし、本体自体は顧客が使い続け、インクを適宜交換しながら長く使うシナリオも考えられる。このとき、典型的なエコデザイン技術である分解性設計を例にとると、前者では工場で製品のリマニュファクチャリングを容易にするような（逆にいえば、顧客が分解しにくい）分解性設計が必要になるし、逆に後者の場合は顧客が容易にインクを交換できるような分解性設計が必要になる。

図表 4-2　製品サービスシステム

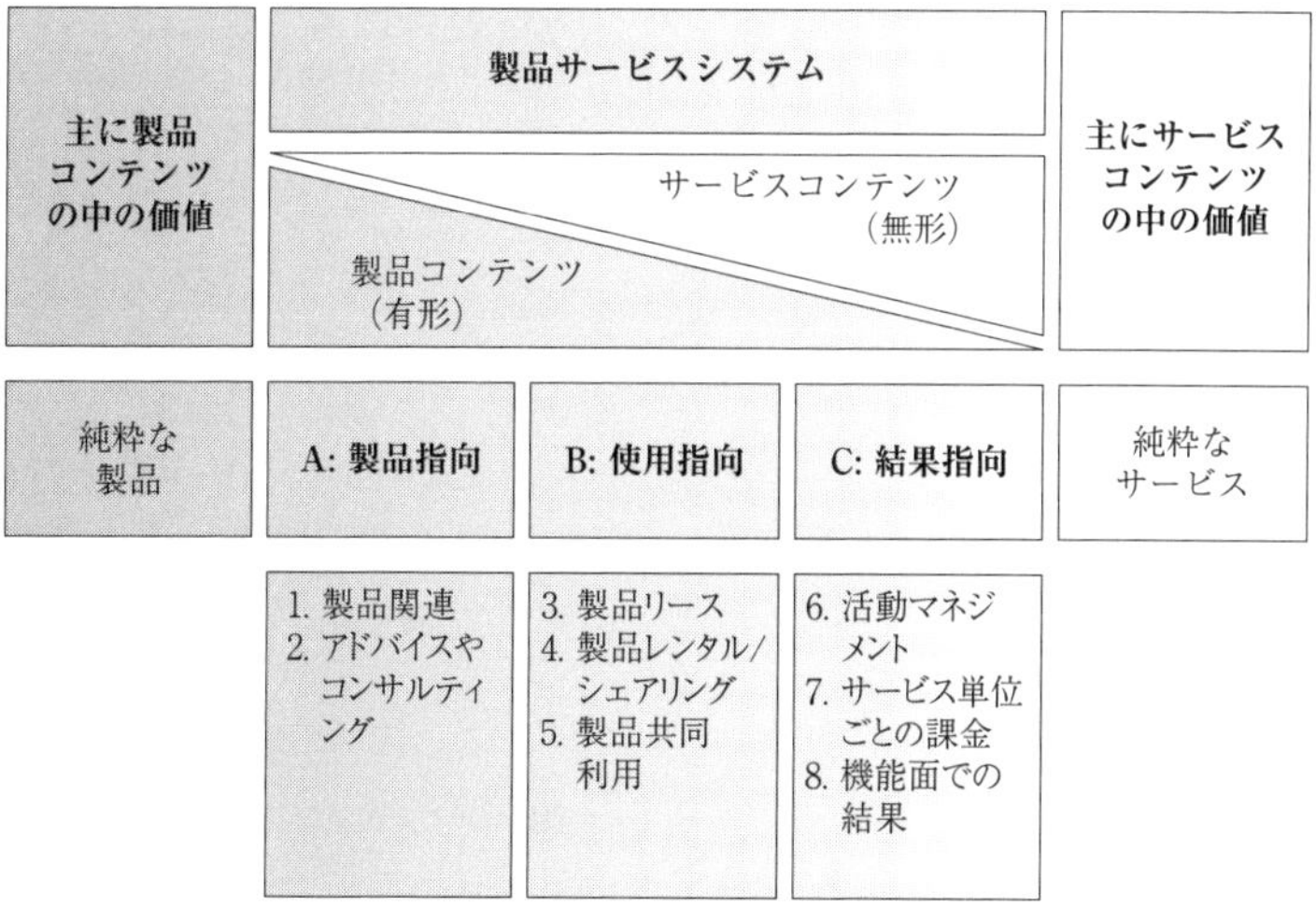

（出所）　A. Tukker, "Eight type of product service system: Eight way to sustainability? Experiences from SusProNet," *Business Strategy and the Environment*, Vol. 13, No. 4, pp. 246–260, 2004.

このように、製品設計、ライフサイクルオプション、および、ここでは記載しなかったがそれぞれの循環を顧客に受け入れてもらえるビジネスオプションは相互に関連する。ライフサイクル設計者は、先入観を持たず、可能なライフサイクルプランのアイディアを多数創出し、実社会に実装して行くことが重要だ。ここで詳細を記載するスペースはないが、ライフサイクル設計の研究分野ではこれを支援するための方法論、ツールがさまざまに研究されている。

第2は、ライフサイクルプランを考えるときに有効な「製品サービスシステム」という考え方だ。これは2000年代初頭から欧州を中心に発達してきた考え方であり、サービス化、シェアリング、サブスクリプションビジネス、プラットフォーム戦略とも関連する。

製品サービスシステムは、図表4－2に示すように、製品（ハードウェア）とサービスを組み合わせて提供しようという考えかただ。「衣類を洗濯する」という機能の例をとれば「洗濯機」という製品のみを提供するのは、図表4－2の左端に相当し、クリーニング店はサービスのみを提供するので図の右端の位置になる。それ以外にも、修理サービス付き洗濯機（A：製品指向）、コインランドリー（B：使用指向）、自宅に洗濯機を無料で設置し、使用するたびに料金を払うサービス（Pay per service unit）（C：結果指向）などさまざまな製品とサービスの組み合わせを考えることができる。製品所有から製品サービスシステムへ移行することにより、製品の使用段階でのマネジメントが可能になり、CEの実現可能性が高まる。このような製品サービスシステムの設計やマネジメントを支援する方法論もライフサイクル工学やサービス工学と呼ばれる分野で研究されている。

製品サービスシステムの実例も多く見ることができる。例えば、パナソニックは、蛍光灯を顧客に貸し出し、使用済みになった蛍光灯の適正処理、リサイクルを請け負う「あかり安心サービス」を実施していた。これは、製品サービスシステムの早い時期での成功例だ。他にも、ロールスロイスによる航空機エンジンのトータルケアサービス〔4〕も有名。これは、民間機の航空機において、ロールスロイスが製造したエンジンをロールスロイスがそのまま所有し、航空会社（キャリア）は使用料を支払って、エンジンを使用するものだ。保守もロールスロイスが一括して請け負い、航空機のオペレーションデータもキャリアから提供を受ける。このデータを使いながら最適な保全を行う。エンジンの性能保証ができれば良いので、補修部品にリマニュファクチャリングされた部品を使ってコストを抑えることも可能になる。さらにさまざまな航空機のオペレーションデータを集積することがロールスロイスの強みになり、そこから効率の良い飛ばし方のアドバイスを、キャリアに行うなどの付加サービスも提供できるのだ。これがまさにCE型のビジネスモデルの典型例といえる。

4 まとめ

本章では、サステナビリティとデジタル革命が今後のものづくりの方向性を決める最重要な要因であることを述べた。特に、CEは市場競争の座標軸を変えてしまう危険性をはらんでおり、ハイリスクシナリオとして、欧州やアジア諸国でCE政策が急速に実装された場合に対して、日本の製造業もいま備えるべきであり、その際「循環プロバイダー」といった視点、役割が重要になってくることを指摘した。

CEを実現するための技術は、要素技術よりもむしろライフサイクル工学と呼ばれるシステム化技術が重要であり、それにより、製品ライフサイクルの見える化、設計、評価、分析、マネジメントすることが重要であることを述べた。特に、ライフサイクル設計が重要であり、製品コンセプト、ビジネスオプション、ライフサイクルオプションの組み合わせを統合的に考えることにより、大量生産・廃棄から脱却したものづくりビジネスを企画することが重要だ。それを実現するための要素技術は、逆にさまざまなものがあり、それらを総合して活用することがポイントとなる。

参考文献

〔1〕 European Commission, EcoDesign Working Plan 2016–2019, 2016.

〔2〕 Laura Talens Peiró, Davide Polverini, Fulvio Ardente, Fabrice Mathieux: Advances towards circular economy policies in the EU, "The new Ecodesign regulation of enterprise servers," *Resources, Conservation & Recycling*, Vol. 154, doi.org: 10.1016/j.resconrec.2019.104426, 2020.

〔3〕 Y. Umeda, S. Takata, F. Kimura, et al., "Toward Integrated Product and Process Life Cycle Planning – an Environmental Perspective –," *CIRP Annals - Manufacturing Technology*, Vol. 61, No. 2, pp. 681–702, 2012.

〔4〕 https://www.rolls-royce.com/products-and-services/civil-aerospace/airlines/br715. aspx#technology.

第5章

日本企業とサーキュラーエコノミー

赤穂　啓子

本章では、2018年12月に実施した、CEに関心の高い企業の経営トップや、実務担当者へのインタビューを掲載する。欧州のCE政策への見解や、国際標準化が及ぼす影響、自社におけるCEビジネスの現状などについて語っていただいた。肩書きはいずれも当時のものである。

初めに、それぞれCEへの問題意識をうかがった。すると、口をそろえて回答されたのが、サステイナブル経営、持続可能経営を考えるとCEは絶対に取り組まなければならない問題であるということ。

また「もったいない」という考え方や「三方よし」という考え方など、日本で古くから培われてきた考え方はCEとても親和性があるという意見も出た。さらに、欧州で古くから事業を展開している企業からは、早くから取り組めばビジネスとしても有利に進められるという相当意欲的な意見も聞かれた。

一方で、せっかく日本がいい取り組みをしているにもかかわらず、それがうまくアピールできていない。これはまさに同意見だった。さらに、サプライヤーやサードパーティーとの連携が不可欠である。いまは動脈・静脈という言い方はあまりしないかもしれないが、循環型事業・ビジネス関連産業との連携が不可欠という認識もうかがえた。

CEをビジネスとして取り組むときに、ビジネスチャンスとリスクをどのように見ているかもうかがった。ビジネスチャンスとしては、日本がこれまでずっと培ってきた高い信頼性や緻密で丁寧なものづくりは必ずCE時代にも役に立つはずである。また、省エネに代表される資源制約型産業は日本の最も得意とするところである。さらに、消費者の価値観がいま所有からシェアへ、モノからコトへ劇的に変わっている。このような世の中の流れに対応するには、CE型がビジネスチャンスとして自然と到来するという考え方だった。

次に、リスクについて。これは日本の企業、製造業にずっと指摘されていることだが、モノへの強いこだわりがありすぎる。過度な高品質を追求するという傾向が、まだまだ抜けきれない。また、CEに取り組むのは短期的に見ればコストが増大する要因にもなる。再生材は現実にはバージン材よりも高い材料コストがかかるのだ。

また、リサイクル行政、国の行政が縦割りになっている問題がある。ゴミの問題は環境省。家電や自動車のリサイクルは経産省。建設のリサイクルは国土交通省。ここでも縦割りの弊害が問題になってくるだろう。さらに、これも日本の企業にありがちだが、標準化対応への過信がある。かつてのWEEE指令、RoHS指令は欧州主導型で規格が決まったが、日本はすぐにキャッチアップして、さらに欧州よりも高い達成度で対応した。決まったら日本は対応すればいいのだという思いが強い。

ただ、CEに関しては、ビジネスモデルの変革を迫るものなので、決まってから追随していてはもう市場はなくなっている。

これから規格化の作業が始まるが、国際標準化への視点についてもうかがった。前向きに評価する意見としては、全体のデザインを決めるためには当然ながら標準化は必要である。グローバル展開をするためには国際標準は不可欠である。これもまた前向きな意見だが、実際にCEの進捗を把握するために、なんらかの評価制度が必要ではないか、だから、その制度を具体的に提案していきたいという意見もうかがえた。

一方で、過度な規制を課されたり目標値を義務づけられたりすることは、すでに温暖化対策や京都議定書などで、いろいろな経験があるかと思うが、目標値の義務づけをされて大変な目に遭う。また、これからさまざまな数値の開示も求められるかもしれない。さらに、認証ビジネスのための規格化になるのでは、という懸念もある。いま環境ISO14001の認証を取得する企業が減っている。認証のためにかけるコストと得られるベネフィットが釣り合わなくなってきている状況のため、このような事態が起こっているのだ。

CEに関しても認証ビジネスのための規格化は決してあってはならないという声が聞かれた。結論としては、日本からも規格化についてしっかりとした提案をしていく必要があるということで、これはもう本当に国を含めぜひ取り組んで欲しいと思う。

インタビューした企業には、すでに自社ビジネスをCEに結びつけてうまく打ち出しているところもあり、従来から実施してきたビジネスの発展形としての事業活動や訴求の仕方は学ぶべき点が多いと思う。

欧州の一部企業のように経営層がCEの重要性を認識し、自社の経営に結びつける企業は、日本ではまだわずかにとどまっている。今後、CEと自社ビジネスを結びつけて利益を生み出すことができるか、日本企業の強みを活かし続けることができるか、あるいは根本的な考え方や慣習から変えていかなければならないのか。長期的な視野のもと、取り組めるところから少しずつでも進めていくことが肝要なのではないか。

1 「100年後を見据えた車作り」

本田技研工業株式会社
カスタマーファースト本部資源循環推進部部長
阿部知和氏

①CE政策に賛同も、手法に疑問

―EUのCE政策についてどう受け止めていますか。

資源の枯渇や環境に負荷をかけないようにするために、循環経済にしていこうという考え方については賛同しており、前向きにとらえています。日本でも資源をムダにしないという考え方は浸透しつつあります。ただ、EUの手法がいいかどうかについては疑問もあります。日本はこれまでまじめに取り組んできているが、それがうまくアピールできていないのが残念です。

―EUのCE政策が今後ビジネスに与える影響は。

プラス面では、CEに取り組む意義が理解されやすくなると思います。企業は株主からの評価に気を使うため、こうした環境への配慮は評価の大きなポイントになるでしょう。一方で、CEに取り組むためには、調査などさまざまな負担も生じるしコストも発生します。さらに今後「リサイクル率を何%以上にしなさい」といった目標や規制が一律に決められる可能性もあります。企業としては規制されるよりも自主的な取り組みで進めたいところです。今後の動向をしっかりと見ていきたいです。

―CEマネジメントに関するISOでのTC設置が決まりました。規格化が及ぼす影響をどう見ていますか。

まだ十分な情報をつかんでいませんが、例えばISO14001（環境マネジメントの国際規格）ならルールに則ってやることになりますが、CEの規格化がなにを目指しているのか把握できていません。ただ、規制や目標値が課されたり、数値情報の開示を求められたりするのは望ましくないと思います。自動車産業は裾野が広く、そこまで対応すると相当な負荷になってきます。できれば自主的な目標を設定するといったソフトな規格化であるべきだと思います。

②再生ビジネスの拡大

―循環経済は日本の産業にどんな影響を及ぼしますか。

ホンダだけでなく、解体業者やリサイクル事業者など循環に関するビジネスは確実に拡大すると思います。日本はまだまだそうした業界でビジネスをする企業の規模が小さいですが、連携して最終的には大きくまとまるといった方向に進めばいいと思っています。自動車メーカーが先導するのではなく、各社がそれぞれ連携して将来の形を考えていくべきでしょう。また、実際に規模拡大への動きもでてきています。中国では廃プラや雑品と呼ばれる廃棄品を再利用するスキームが確立されていて、ノウハウも相当蓄積されています。残念ながら日本ではそうした市場は廃棄品の中国への輸出が続いたため失われてしまい、国内にはそのような技術がほとんどなくなっています。ＣＥを目指すのであれば、苦しくともこうした市場をもう一度構築していく必要があると思います。

③シェアリングが普及

―自動車産業でのＣＥ型のビジネスモデルの開発状況は。

まずはシェアリングへの取り組みです。欧州メーカーなども始めているし、当社もテスト的に取り組み、データを収集しています。自動車の開発でも、リユースされやすい車とはどういうものかを考え、ある程度統一された車体に、できるだけ交換しやすい部品を載せるといったことを検討し始めています。さらに、モノ売りからコト売りへと、市場は変化しており、そのためにはさまざまな情報を収集して、最適な状況を提供するコネクティビティーが重要になってきます。地方では自動運転とシェアリングを連動させて、自宅まで無人の自動車が迎えにきて、目的地まで運ぶといったことも可能になります。

―カーシェアリングが普及した社会でのビジネスモデルをどう描いていますか。

イメージとしては、シェアリングサービスを提供する事業者がいくつか出てきて、自動車メーカーはそれらと連携するというものです。ＩＴの活用が不可欠で変化も激しいので、なかなか自動車メーカーだけではできないと思います。ただ、その中で自社の特徴をどう出してシェアリング会社に提供していけるかは工夫の余地があるでしょう。いずれにしろ、シェアリングに取り組んでおかないとどんどん差はできてくると思います。

④未来の車の役割を議論

―ホンダにおける循環経済への取り組みは。

社内で2030年さらには50年、100年後がどういう社会になっていて、ホンダがそこでなにを提供するべきかを議論しています。経営層の危機感も相当なものです。これまでのようなコスト最優先の車づくりだけではなく、循環経済に貢献する車づくりとはなにか。私が所属する資源循環推進部を現場に近いカスタマーサービス本部に設置したのもそうした考えの現れだし、新しい車づくりについてはグループの本田技術研究所も交えて積極的に動きだしています。

―サプライヤーなど取引先をどう巻き込んでいきますか。

いろいろな車を循環させる仕組み、当社では「循環モビリティー」と呼んでいますが、それを実現するには当社だけではできません。部品を再加工して再び使えるようにしたり、15年乗った車の部品をまた15年使えるようにするという発想で物事を考えていくようになります。メーカーが責任を持って中古部品として提供する仕組みなど、サードパーティーの方々とも話をしながら検討していきたいです。

―設計段階から相当な発想の転換が必要ですね。

どういう部品ならできて、どういう部品にはできないかということを考えています。実際に中古自動車に搭載された部品の劣化や摩耗度合いを調べるといったことも始めています。また、樹脂などの素材の活用でも、これまでは再生材には見向きもしていませんでしたが、例えば素材メーカーが「再生材が10%入っていて、その性能はこうです」ということを示して、安定して供給してもら

図表 5-1　部品の循環利用例（リチウムイオン電池）

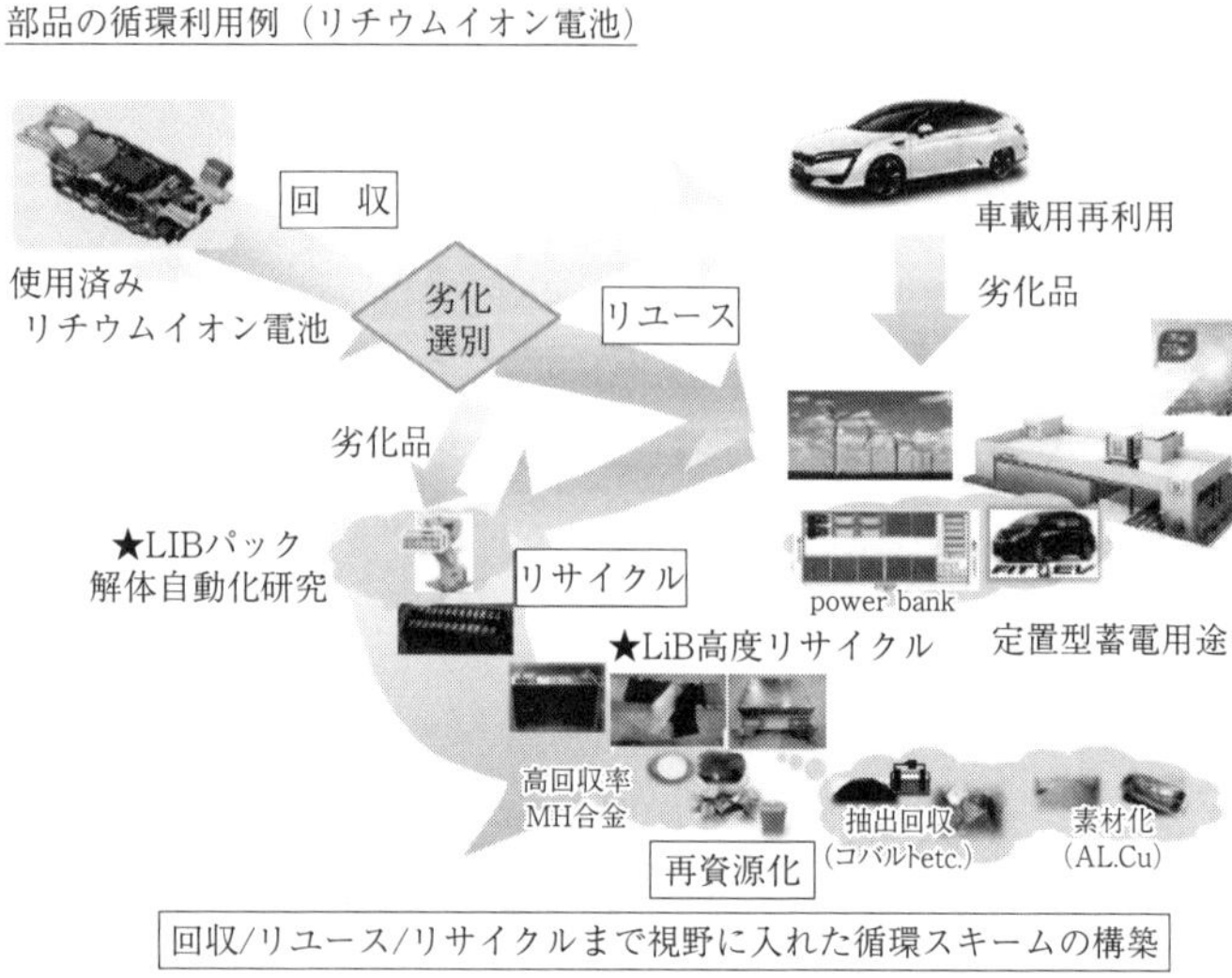

（出所）　本田技研工業（株）。

えるなら、使うことも検討していきたいところです。

（2018年12月5日現在）

2　「お客様のライフサイクルに最適な価値を提供」

パナソニックETソリューションズ株式会社
企画・法務部総括部長
田島章男氏

―欧州のCE政策についてどう受け止めていますか。

これまで当社は4家電を中心にリサイクルへの取り組みに注力してきましたが、欧州で2010年ぐらいにリソースエフィシエンシー（RE、資源効率）の話が出てきました。われわれもそれに注目していました。欧州はもともとREを打ち出し「REインディケーター（指標）」をつくって、GDPの代わりにするという壮大な構想を持っていました。それが少しトーンダウンし、いつの間にかREからCEへと言い方が変わってきたのです。われわれもリサイクルには先駆けて取り組んできた自負がありましたが、それがCEになり、リサイクルも大事ですが、リデュース、リペア、リファービッシュと取り組む課題が増えたのです。欧州もCEには本気だと受け止めており、当社も具体的な取り組みをしようと事業部や関係者と話を始めました。当初は「総論はわかるが、自分の事業に置き換えたときになにをやったらいいのかわかりにくい」という声がでていました。社内で提唱しているのは、まずライフサイクル設計をしっかりやっていこうということです。CEをやるには、マネジメントや設計のやりかたを変えていかざるをえません。それを他社より早く手がければ当社にとってのチャンスになると思います。

①欧州の本気度を実感

―なぜ欧州はCEを言い出したのだと思いますか。

欧州が優位性を出せる競争軸として位置づけているのが環境ではないでしょうか。CEだけでなく地球温暖化やESGなどすべての環境側面をビジネス化して、環境活動と経済活動を統合化する動きに見えます。その中でCEは、有力なメーカーが少なくなった欧州が、力を高めるためにどうすればいいのか。ものづくりは他の地域に任せてもいいが、欧州の中で使用するうえで、こんなビジネスもあるというのがひとつの発想ではないかと思います。実際、フィリップスやボッシュもCEに熱心です。ボッシュは自動車部品をリファービッシュして販売する事業を行っていますが、他社の部品にも対応できるといっています。当社の欧州で事業を行っている者も「CEに前向きである姿勢を発信しないと、欧州市場では厳しい」といっています。

②資源効率の見える化指標を提案

―ISOで標準化作業が始まります。

「ISO/TC323」での議論の内容はまだ明確ではありませんが、標準化には両面があります。先行して取り組みをしている場合などは追い風になるでしょう。一方で規制につながる可能性もあります。例えばもし、数値目標が示された場合ですが、一律に再利用率などが決められるというのはリスクになります。私はなんでもかんでも再利用をすればいいというものではないと思っています。当社は大型機器からひげそりのような小物まで扱っています。循環させていく製品もあれば1回使ってしっかりと素材でリサイクルするほうがいいものもあると思います。当社は先般、産業技術総合研究所と共同で、製品のライフサイクルにおける資源効率を定量的に測定する指標を開発しました。取り組みの効果を定量的に見える化することは重要で、このような指標を日本発で提案できればと考えています。

③「冷やす価値」提供

—パナソニックでもCE型ビジネスが始まっていますね。

まだ実証段階ではありますが、業務用冷凍冷蔵ショーケース事業で取り組みが始まっています。複数の店舗を構える小売り事業者と連携して、月額定額で「冷やす価値」を提供するというものです。ハードウェアを売るのではなく、冷凍冷蔵設備の機能としての「冷やす価値」のサービスと遠隔制御によるエネルギーのミニマム化と保守メンテナンスサービスを提供しています。さらにお客様の保有店舗全体への取り組みとしてリファービッシュスキームを活用したサービスの提供も検討しています。

具体的には、来店客の多い繁盛店では競争力を上げるために冷凍・冷蔵設備の改装サイクルを早めて新型の冷凍・冷蔵庫を設置し、競争が比較的激しくなく、これまで改装できずに古い設備の残っている店舗には繁盛店改装後の比較的新しい設備を導入し、全体の稼働状況を、当社が遠隔で監視し、予防保全につなげるものです。お客さまは保有している店舗全体を見据えたコストの平準化や省エネ運用ができ、当社は機器販売だけでなく、メンテナンスやリサイクルまでトータルで提供することで、全体の収益増にも寄与できます。これまで稼働条件の設定は人が行っていましたが、ＡＩ（人工知能）にやらせることで多くの店舗の制御をより細かくできるようになってきました。ＡＩやＩｏＴがこれだけ進化してきたからこそできる事業だともいえます。

―今後どんなことをお考えですか。

法人向けではこれ以外にも、お客さまの照明の導入から蛍光灯のリサイクルまでを当社が担当する、いわゆる「ライティングアズアサービス（ＬａａＳ）」的な事業は古くから手がけており、現在でも数千社に提供しています。法人向けでは空調なども今後手がけられるのではないか。ただ、私個人としてやりたいと思っているのは、一般消費者向けの取り組みです。成熟した社会では、生活に本当に必要なものやサービスを厳選する人が増えており、お客さまのライフステージによって必要な機能やサービスの提供が求められます。弊社社長の津賀が、「暮らしアップデート」といっていますが、ＣＥ的にいえばハードウエアとしてはできるだけ規格化され、リユース、リサイクルしやすいものとし、実際に発揮する機能はソフトウェアの更新や機能モジュールの交換などでお客様ごとに最適なものにしていく。それがお客様の結婚や子育て、老後などのライフサイクルによって適切なコストでアップグレードも含めて適切な機能を提供していくといったイメージです。

―サプライヤーとの関係はどうなっていきますか。

図表5-2　エスクーボシーズ（冷やす価値サービス）
【リファービッシュ＆リサイクル・スキーム】

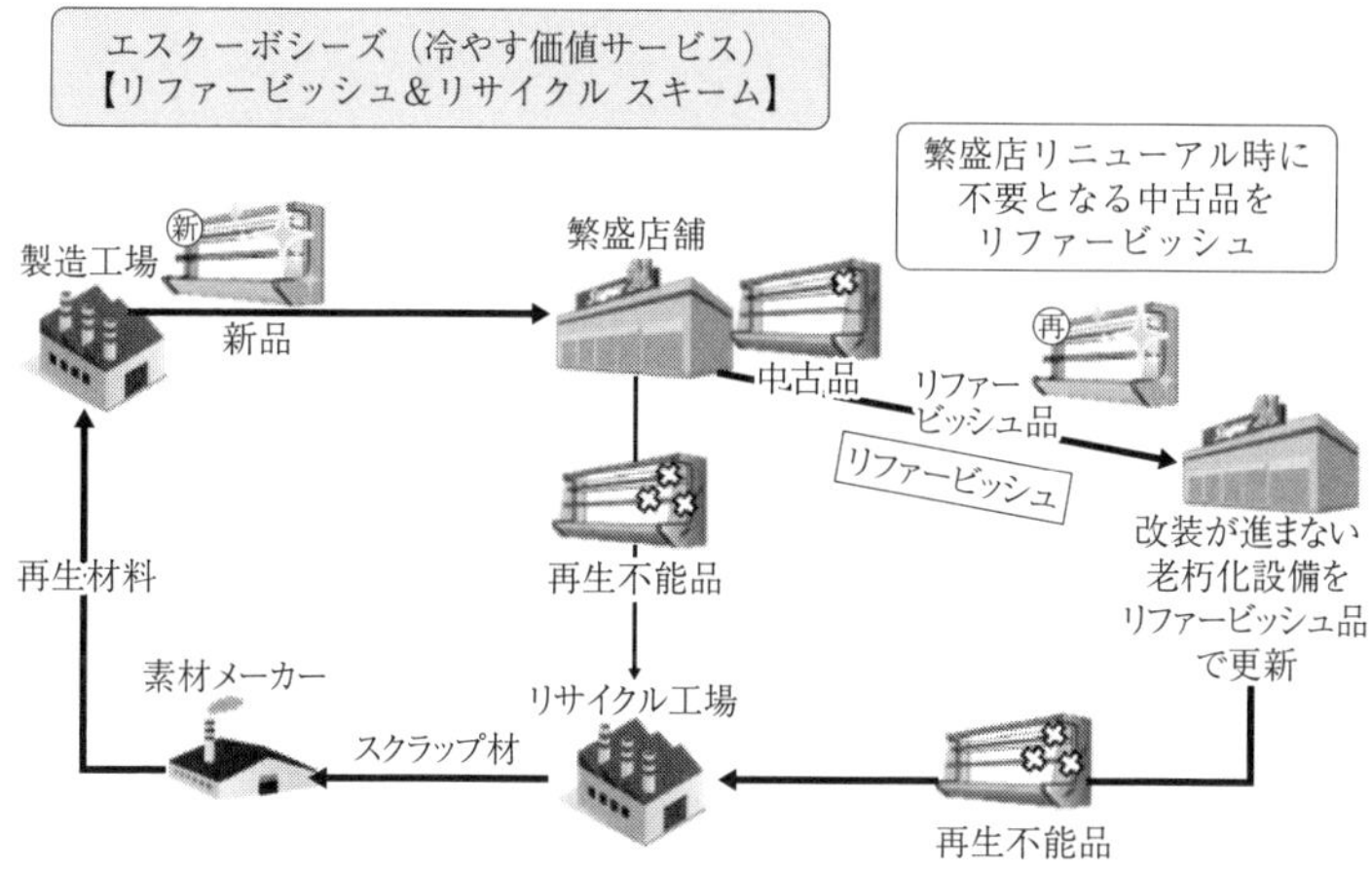

（出所）パナソニック産機システムズ（株）。

直接のサプライヤーである素材メーカーだけでなくその前のリサイクラーも含めて動静脈連携がますます重要となっています。例えば資源循環についても、いくらリユースやリファービッシュをしても最終的にはリサイクルが必要であり、リサイクルの質を高めないといい素材に戻せないのです。これまでも資源循環の取り組みとして、樹脂や非鉄・鉄などの素材メーカーと密に連携して、リサイクル由来の素材をパナソニック製品の原材料として循環させる取り組みを進めて来ましたが、まだまだやらねばならないことは多いと思います。技術開発とともに、循環に関わるプレーヤーすべてがＷｉｎ－Ｗｉｎとなるスキーム開発も重要です。

―今後ＣＥを進めるうえでの課題は。

ＣＥの実現のためには、お客様のニーズに合わせて、最適なコストで資源効率やエネルギー効率を最大化した機器やサービス提供を実現することが必要です。そのためには、優れた技術だけでなく、ライフサイクル全体を見通した機器の設計、サービススキームの開発、リサイクルの高度化などが重要であり、社内においてはさまざまな職能の連携、動静脈に関わるさまざまな企業の連携など所謂「共創」が不可欠です。資源循環の切り口でも、さまざまな商品間で、材料で横串を通した検討やオールジャパンで技術力を駆使して再生できる素材の開発もやっていくべきでしょう。

（２０１８年12月26日現在）

3 「2030年の社会見据えCEに取り組む」

株式会社三菱ケミカルホールディングス
代表執行役社長
越智仁氏

①資源と消費をデカップリング

—欧州のCE政策についてどう受け止めていますか。

ここ2年くらいで大きな流れになってきていますが、時代の流れでもあると思います。また、われわれがもともと考えていたことと軌を一にしています。これまで世界の成長はGDPの伸びで語られていました。それは大量の資源を投入してどんどん成長するということです。消費と成長が常に比例関係でリンクしていたわけです。その流れを欧州は根本から変えようとしている。資源の消費と経済成長を一部デカップリングした、新しい経済活動に持っていく。持続可能な社会をつくり上げるために、そうしていこうじゃないかという主張です。その背景には欧州が世界の中で競争力を持ちたい、雇用を守りたいという思いがあるのでしょう。そのために社会の成長の仕組みを変えてしまおうとしている。製品の価値をできるだけ長く使えるようにして、使い終わればリサイクルする。こうした考えはまさにそのとおりだと思います。日本も経済成長の中で常に限りある資源に危機感を感じながらやってきました。石油や水、食糧、いまならリチウムやコバルトなど。欧州の考えを自然と受け止め、われわれもそれを考えていかなければならないでしょう。

―欧州では企業がCEを事業として取り組み始めています。

昨年（2018年）のダボス会議でDSM（オランダの総合化学メーカー）のフェイケ・シーベスマ社長が、カーペットをリサイクルしやすいような材質に改質すると述べていました。イケアも同様な取り組みを行っているようです。それに対して中国の若い方が「そんなことをして競争に勝てるのか」と質問し、それに対して「十分に競争できる」と答えていました。このやりとりが印象的でした。またBASFもプラスチックを加熱溶融してクラッカーの中に入れ直し、もう一度つくり替えるというプロセスを進めています。日本でも、洗剤の詰め替えなどが普及してきています。CEは難しい問題ですが、取り組めるところから少しずつでも進めていかなければならないと考えています。

②認証ビジネスのための規格化は反対

―ISOでCEマネジメントの標準化作業が始まります。

まず最も懸念しているのは、認証ビジネスのための規格化になってしまうことです。それは望ましくありません。いまの製品はリサイクルしようとしても成分が異なっていたり、構成が違っていて難しい。また、国によって回収するシステムもバラバラです。そこで標準化により、例えばリサイクルをするためにはこういう成分は使ってはいけない、こういう成分を使ったものはAランク、この成分ならBランクというように決め、それに対してユーザーが製品を設計し、リサイクル時にはこう仕分けをするということを決める。さらに回収段階については行政を含めて仕組みをつくる、こうした全体のデザインを決めるのがISOの役割です。ISOは囲い込みに使われてきた側面もありますが、オープンで誰もが使えるようにしていくことも重要です。

—CEが普及するなかでビジネスチャンスとリスクをどう見ていますか。

CEをリスク、ダメージを与えるものとして考えるのは間違っています。価値観が変わってきています。昔はものを所有することが価値だったが、いまはものを使って楽しむことが価値となっています。価値観の変化に応じて、ビジネスサイドは常にビジネスのやりかたを変えてきています。例えばいまの若い世代はシェアードエコノミーに徹して高いものを買わなくなっています。産業構造もそれに合わせて変えていくだけ。そう考えるとビジネスリスクと考えるのはおかしいわけで、ビジネスチャンスと見ていくべきです。

③KAITEKI経営を進化

—三菱ケミカルグループとして、CEをどう経営方針に取り入れますか。

当社の経営方針の根幹にある「KAITEKI経営」は、持続可能な社会をつくる、そのためにわれわれは努力するといっています。これまでも地球温暖化や食糧、水の問題などへの課題解決に取り組んできました。今後の「KAITEKI」について、まずは2030年の地球や社会がどう変化しているのかを俯瞰（ふかん）してみようとしています。そしてその中で、CEという価値観が重要になってくると見ています。それを踏まえ、今後当社はどう対応していくべきなのかを考えます。２０３０年の社会や環境、人のありかたの変化と、一方で既存のビジネスの方向性やリスクを見極め、それらをマッチングさせたものを中長期の基本方針としてまとめていく。いま事業部長クラスに徹底的にＫＡＩＴＥＫＩ経営とはというものを教え込んでいます。基本方針ができれば事業部長がそれに沿った絵を描いて実行していきます。そのときに重要なのは、サプライチェーンです。彼らには相当考え方を変えてもらう必要があると思っています。

④炭素繊維を再生

―ＣＥ型のビジネスとしてどのようなものをお考えですか。

すでにポリエステルフィルムについては、米国で当社が回収して再生までする仕組みを構築しています。いま取り組もうとしているのは炭素繊維です。飛行機や自動車に使われた炭素繊維を回収し、樹脂と一体化したものから炭素繊維だけを抜き出します。取り出した炭素繊維はもう一度素材として利用します。２０２１年には北九州で本格的な設備を稼働させます。リサイクルの過程で性能が低下する場合もありますが、一般的な用途では問題なく使用できます。

―自動車や家電メーカーなど最終製品メーカーとの連携が重要ですね。

もちろんです。どういう部位ならどういうグレードが必要なのかマッチングさせる必要があります。いままでは強度や塗装のしやすさをベースにしてきましたが、回収を前提にとなれば、ポリマーの設計から変えていかなければなりません。サプライチェーン全体でＣＥのありかたをデザインする必要があります。

―政府に求めたいことは。

研究開発が相当必要で、特に産学の連携が重要です。また、回収については企業が連携するだけでは難しく、政府が主体的に取り組む必要があります。個人も地方公共団体もみんながやらなければ絶対に進まない。社会全体をどういう方向に向かっていくのかを示すのが、政府が最もやらなければならないことです。

（2018年12月25日現在）

4 「素材の分別へ、設計と意識を改革」

大阪製鐵株式会社
代表取締役社長
岩﨑正樹氏

―欧州のＣＥ政策をどう見ていますか。

正直にいってＣＥはまだまだ馴染みがない言葉です。ただ、われわれは長年鉄スクラップから鋼材をつくるリサイクル事業を手がけています。ＣＥでわれわれの事業に新しい視点を入れられないかということで問題意識は持っています。日本とはかなりやり方が違うところもあるようなので、とり入れられるところはとり入れていきたいと思います。資源は有限であり、より有効に使わなければならないという点は、全くそのとおりで、われわれも以前からその思いで事業を行っています。

―ＩＳＯでＣＥマネジメントの標準化作業が始まります。内容によっては、今後認証を取得するなどさまざまな対応が求められることになります。

フランスからの提案を参考に、意味のあるものになっていけばいいと思っています。日本のこの分野での課題を解決する手段として、ＩＳＯを活用するというのもひとつの考え方としてあります。ただ、認証取得と監査などの負担を求められることになるなら、それが本当に地球のために役立つのであれば、一定のコストは負担してもよいが、実態がどうなのか今後見ていく必要はあると思います。

――中国が雑品スクラップの輸入を停止したことに懸念を抱いていますね。

われわれにとって喫緊の課題になっています。いままでは鉄スクラップに他の素材が混入したようなものの多くは、雑品として中国へ輸出されていました。それができなくなり、電気炉で求める品質とずれた原料の混入が一部発生しています。例えば銅線や鉛が混入していたりしています。受け入れ時にチェックをしていますが、なかなか完全に分離できずに入っているものもあります。少しでも有害な異素材があると、製品の品質は大きく低下するため、大きな問題だと受け止めています。鉄はとても優れた素材で、機械や建設用の鋼材で使われたものでも、廃材から鋼材だけを取り出せれば、何回でも電炉でリサイクルして鋼材に再生させることができます。ただし、有害な異物元素が入ればそれが困難になります。

――今後どうしていくべきでしょうか。中国がまた受け入れを再開する可能性はありますか。

中国はいままで国内産業が育っていなかったから、外から資源として廃棄物を輸入していました。しかし、これからは中国国内で発生する工業系の雑品が増えているので、自国の中だけで調達できると考えているのではないでしょうか。日本も中国が政策を変更して、輸入を停止すると決めた時点でどう対応するかを迅速に考えておくべきだったと思います。シュレッダー処理は多くのシュレッダーダストを発生させますが、国内でこのすべてを処理をすることが能力不足で困難になっています。また、行き場を失った雑品の価格は低迷し、成分バラツキを避けるため高級屑を多用する結果、電炉で生産する鋼材の価格も上昇する可能性があります。

―今後CE型のビジネスを普及させるために、どんなことが必要でしょうか。

素材ごとに分離回収しやすいものにすることが大事です。随分前に私が新日鉄で自動車鋼板をつくっていたときのことですが、ある自動車メーカーはワイヤハーネスを簡単に取り外せるように技術開発していました。それで鉄や銅を簡単に分別しリサイクルがスムーズにできるように工夫していました。われわれの業界でいえば、鉄とそれ以外をきっちりと分けることが大事です。ただ、例えばクーラーの室外機には、鉄とアルミと銅が使われていますが、現状これを分けることはかなり難しいようです。やはり設計段階からリサイクルしやすさを考えて対応していただければありがたいです。そうしたことに取り組むメーカーには「CEポイント」のようなものを付けたり、ISOの評価があがるといったようなことを考えてはどうでしょうか。ペナルティーやインセンティブをうまく活用してもっと素材が回る仕組みにしていくべきです。ただ、ハイブリッドエンジンなどは鉄とアルミと銅とプラスチックが複雑に組み合わされている。自動車にはモーターも何百個も入っている。これをどう分けやすくするかです。リチウムイオン二次電池も同様で、今後新しい技術開発によって登場するものの中には、混在するとリサイクルが困難なものも多い。これらにどう対応していくのか、考えなければならないことは多いと思います。

―国民の意識改革も重要とお考えですね。

やはりここでもきっちりと分別することが大切です。一般のゴミは自治体が処理するものという考えでやってきました。最近は自治会や大規模なマンションなどで分別管理がされていますが、まだまだ分別が十分とはいえません。自治体も高温型焼却炉を導入すると、プラゴミも焼却処理にしてしまうなど、自治体ごとで分別方法が異なっています。日本人は古新聞は一般ゴミに入れず、別にして出すことを習慣的にやっています。文化ができている。しかしプラスチックゴミについては、十分に分別ができていないように思います。ゴミの分別をしっかりやる文化を醸成していくべきでしょう。国の廃棄物行政も、一般ゴミと産業廃棄物、自動車リサイクル、家電リサイクル、建設リサイクルと法制度が縦割りになっており処理に壁があります。有償で回っているものもあれば、逆有償のものもあります。過去の経緯でそうなっているのでしょうが、そろそろ見直すことも必要ではないかと思います。

（２０１８年12月11日現在）

5 「日本のメジャーリサイクラーを目指して」

大栄環境ホールディングス株式会社
代表取締役社長
金子文雄氏

①世界の主導権争い

—EUがCE政策に先導的に取り組んでいます。いまの動きをどうとらえていますか。

世界で主導権をとるためのひとつの経済政策的な取り組みだと見ています。欧州では、これまでも「ISO14001」(環境マネジメントの国際規格)により域内企業との取引に制約条件を強いてきましたが、近年ISOの影響力が低下しており、今般のCEにより復権を図っているのだと思います。いち早く規格化することで、競争優位を見出そうとしているともいえます。

日本では1990年に「再生資源利用促進法」が制定、2001年には「循環型社会形成推進基本法」が施行され、リサイクル元年といわれたように、早くから法整備を行っています。ドイツなど一部の国を除き、日本が先行していました。しかし、世界を巻き込むような戦略的な仕組みづくりができず、国際規格で後塵を拝したのです。CEが同じ轍とならないように、政府、経済界が協力して対処すべきでしょう。

―ＩＳＯでＣＥマネジメントに関するＴＣが設置されることが決まりました。今後標準化でどんな影響がありそうでしょうか。

例えば欧州市場で取引をする条件となれば、対応せざるをえなくなるでしょう。ただ、私たちのような日本でビジネスをしている企業には、現時点ではあまり影響がないと思っています。というのも、かつてＩＳＯ１４００１が標準化されたときに、製品のライフサイクルを考えた場合、取引のある国内メーカーから認証の取得を求められると考え、早い段階でＩＳＯを取得しましたが、結局、取引条件の提示や、変更を求められることはありませんでした。原料や廃棄といったところまで訴求されなかったということでしょう。また、別の観点から考えると、日本企業はまだ経済合理性（価格の安さ）が最重要視されています。それが現実です。

―ＣＥを推進するという考え方については。

もちろん必要です。日本は資源がない国ではありますが、経済力があるから海外の資源をふんだんに使った産業構造をつくってきました。しかし、いずれ資源が枯渇して取り合いになり、国力が弱まってくれば、海外からの資源調達は困難になります。国内で循環する仕組みを早くつくり上げなければなりません。そもそも当社は１９７６年に創業し、埋め立て事業を始めましたが、すぐに限界を感じました。処分場は有限であり、開発にあたって、地域の理解を得るのは非常に難しい。そこでリサイクルを事業の柱に切り替え「資源循環型社会」を提唱しました。ただ、当初はリサイクル費用をだれも認めてくれませんでした。

②リサイクルビジネスの現実

—大栄環境ホールディングスにとって、循環経済はビジネスチャンスとなりますね。

それが基本という社会になれば当社にとって追い風になると思います。ただ課題はコストを誰が負担するのかということです。さらに例えば各家庭から出るゴミの分別回収が推奨されていますが、市町村や個々人によって温度差が大きく、分別意識は、取組先進国と比べ、まだまだ低いし、そのためのインフラ整備も不十分といえます。国民みんなで協力しようという感覚にならないと、資源循環は一部のパフォーマンスになってしまいます。

—リサイクルをするうえでの課題はなにですか。

CEに関連して一例を挙げると、プラスチックの廃棄物にはいろいろな成分が混ざっています。それを再生すると品質は悪くなる。資源循環だけを考えれば、性状や形状は一緒のものを使ったらいいし、メーカーが、「こういう材料を使っています」と公表してくれれば、処理をするこちらとしてはありがたい。ただ、そうなるとメーカーは企業としての独自性がなくなり、経済成長や技術革新は止まってしまう。このバランスをどうとっていくのかが大切です。ある程度メーカーが自主回収して自社で再生する。そこに当社のような企業が協力するといった協調の輪が拡がれば、リサイクルが進むのではないかと思います。

③総合リサイクル企業へ

—リサイクル業界でも事業規模を拡大する動きが見えてきました。

当社は持ち株会社大栄環境ホールディングスのもとで24社の連結対象子会社を擁し、容器包装、家電、小型家電、自動車、建設、食品の各リサイクル事業を展開しています。廃棄物の積み込みから処理までを画像付きでトレースするサービスや、コンテナにタグをつけ、GPSでどこにあるかをリアルタイムに監視するシステムなどITの活用も積極的に進めています。さらに2015年に、スズトク（現リバーホールディングス）と折半出資で「メジャーヴィーナス・ジャパン」を設立しました。廃棄物処理が得意な当社と、鉄リサイクルという有償取引が得意なリバーとで、互いのノウハウを持ち寄り、ワンストップでリサイクルができる体制をつくろうというのが目的です。実際企業向けに、管理から買い取り、廃棄までをトータルで提案しています。

―海外で出現している「メジャーリサイクラー」を目指しているということですね。

成長するためには事業領域と地域を広げていきたい。そういう規模にならないと業界で認知されないし、そうなることで、取引先にもパートナーとして、より必要な存在になれます。実際、日本でもリサイクル事業で規模を拡大したり、株式を公開するといった動きも出てきています。複数のメジャーリサイクラーが誕生してくれれば、国の政策にも影響を与えることができるようになるでしょう。こうしたリサイクル関連産業が成長することが、循環経済が成長することにつながっていくと信じています。

―国への要望は。

同じ廃棄物でも、排出される「出所」によって一般廃棄物と産業廃棄物で分かれています。合理化、低コスト処理を考えると、見直す時期に来ています。現状区分ではありますが、一般廃棄物の

図表5-3　公設民営（Design Build Operate）形式で受託した「近江八幡市エネルギーセンター」

（出所）大栄環境ホールディングス（株）。

処理において、環境省から「民間活用もひとつの選択肢」という方針が示されました。一歩前進というところですが、まだまだ自治体の専権事項となっている。人口減が確実に進むなか、自治体が疲弊し立ちいかなくなってしまう前に方向転換するようになれば将来展望も開けるのではないでしょうか。

（2018年12月11日現在）

6 「自動車 解体から利用へ」

株式会社永田プロダクツ
代表取締役
永田則男氏

―まず現在の事業についてお教えください。

基本は3事業で、使用済自動車を解体して発生する素材（鉄、アルミ、銅など）の販売、取り出したリユース部品の販売、そして海外への部品販売です。これらで売り上げ全体の80％を占めます。その他には保険販売やカーリース、中古車販売などです。月間約１０００台の車を扱っています。

①部品の流通ネットワーク

―部品販売のビジネスモデルを教えてください。

国内はＮＧＰ（日本自動車リサイクル事業協同組合）のネットワークに入っています。ＮＧＰは加盟する全国の部品販売事業者の情報を一元的に提供しており、外装・機能部品３２５アイテム、常時在庫は１５０万点の部品情報をネットで検索して見ることができます。ＮＧＰで部品の在庫状況を見たうえで、廃車となった車からどんな部品を取り出して販売するかを決めています。いつどんなタイミングで、どの部品を提供するかがこのビジネスのノウハウです。

最近は輸送コストが高いので、地域ごとの在庫状況も重要になっています。政府の後押しもあり、中古部品を使う機運が高まっています。ただそのためには品質の統一した基準を作る必要があります。一時、日本ELVリサイクル機構（現・日本自動車リサイクル機構）でリユース部品のJIS化を検討したこともあり、是非推進していくべきでしょう。

―海外向けの部品販売はどのように行っていますか。

当社は商社は使わず、直接取引で行っています。タイ、マレーシア、アラブ首長国連邦、ロシアなどのバイヤーがここにやってきて、自分たちで部品をチェックして、コンテナに積んで持って帰ります。正直利益率は国内部品より海外のほうが高い。LC（信用状）や前金制にしているので資金回収の不安もありません。

②縮小する自動車解体市場

―解体事業の現在の課題はなんですか。

車の調達が難しくなっていることです。自動車の保有台数が頭打ちになっているので発生が少ないのです。さらに車で使われる素材が樹脂化され、配線も銅線からアルミ線など、素材販売の先行きが厳しくなっています。さらに、部品の販売先である自動車整備業もどんどん縮小しています。そろそろ次の手だてを考えないと維持できなくなってきます。当社には57人の従業員がいます。これだけの所帯になると、次のビジネスモデルを考えないと、ないもの（損害車）を集めろといっても限界があります。

③カーリース事業に活路

―今後の事業の方向性は。

現在力を入れているのは、カーリース事業「リボーン・カーリース」です。月額1万5000円からの低額で中古自動車を貸し出すというものです。通常のカーリースは、新車を年間契約で貸し出します。一方レンタカーは日額いくらで貸し出す事業モデルです。これらの隙間を縫うビジネスとして考えました。事業を開始した最初のころに、ニュースで取り上げられたりしたことで話題になり、利用者を増やすことができました。

―車の解体から車そのものを活用するという考え方に切り替えたのですね。

中古車で行うというのがポイントです。もちろん車の品質については当社がしっかりと保証をするし、保険や車検代、自動車税なども当社の負担で行います。利用者は一般的には学生や単身赴任の人などを想定していますが、車の活用法は人によってさまざま。特に地方は車と生活が密接に関係しています。ニーズを掘り出せば、いくらでも需要はでてきます。

―一般の人から車を集めるという発想がユニークですね。

例えば働き方改革で、残業しないで帰ろうということがしきりにいわれていますが、これは働く人の立場からすれば残業代が減るということです。減った収入を別の手段で確保することを考えたときに、当社に車を預けてもらえれば、月額数万円の収入が入る。いきなり中古車として販売するよりも抵抗感も少ないのです。また、海外赴任が決まって車を1年間使わないという方もいます。われわれはこうして提供してもらった車を使うことで、低額リースを実現しているのです。さらにリースで使った車について、元の所有者に「いま当社に販売すればこのぐらいの金額になりますよ」と言えば、手放す人もいます。当社はその車を再利用したり、解体して素材や部品販売へと循環させたりもしています。

—まさにサーキュラーエコノミー的な考え方ですね。

当社がこの事業を始めたときはまだCEという言葉はありませんでしたが、CEの考え方に沿ったものだと思います。いまはモノをつくっても売れない時代。サービスという付加価値をつけていくことが重要です。現在は当社だけでなく、全国でやってみたいというかたにも入ってもらっています。フランチャイズ制という確立されたものではありませんが、事業を希望する人には、必ず当社に来てもらい、考え方について説明し、それに賛同してくれたかたに入ってもらうようにしています。決してすぐにもうかるものではありませんが、社会にとって必要な事業であることを理解してもらっています。

④日本型経営に基づいたCE

—欧州が主導して普及させようとしているCEについて、お考えをお聞かせてください。

CEを本気でやろうとするならば、志をしっかり持たないとできないと思います。これからは儲け主義のビジネスモデルではうまくいきません。原点回帰で徒弟制度や終身雇用といった日本型経

図表 5-4　永田プロダクツの自動車解体作業

（出所）　筆者撮影。

営を見直すことも必要だと思います。いまいわれている欧州型のＣＥのビジネスモデルが入ってきたときに、日本人の性質、気質にあったものを会社側がしっかりとアレンジし、構築していかなければ、日本でのＣＥ定着は難しいのではないでしょうか。

（２０１８年12月17日現在）

終章　今後予想される変化

梅田　靖

エレン・マッカーサー財団に端を発するCEという考え方は、資源消費量を大幅に削減し、サステナブルな社会を目指すというある種の理想論であり、環境問題対応に留まらず、経済メカニズムを変革し、ものづくりを含む価値提供のやりかたを変えようとする考え方を内包している。これを欧州で実現しようとするCEパッケージは、このCEの実現を目指すことによって、廃棄物削減、資源消費量削減を実現すると同時に、欧州の雇用と市場競争力を高めようとするところに特徴がある。このCEパッケージには、廃棄物問題、フードウェイストの問題、海洋プラスチックを含むプラスチック問題などと、市場経済のサーキュラーエコノミー化（とそれを通じた欧州の市場競争力の強化）の問題がまぜこぜにパッケージ化されており、問題の本質を見えにくくしていた。しかし、2020年に公表された「欧州グリーンディール」、「Circular Economy Action Plan」により後者の市場経済のサーキュラーエコノミー化への動きが明確になってきた。本書では、この問題を中心に議論してきた。

欧州委員会環境総局の担当者が「サーキュラーエコノミーの全体的な考え方は経済モデルを変えていくことである」と発言しているように、この市場経済のサーキュラーエコノミー化を本当に実現しようとしており、また今回の調査でまわった欧州企業もCEに対して極めて強い意気込みを持っており、なおかつそれをビジネスに結びつけることに成功している。すなわち、これらの欧州企業のCEの位置づけは、環境問題への「対策」から、CEを実現することで事業収益をもたらす「経営戦略」という位置づけに変化している。この企業のCEに対する強い意気込みを直接感じられたことが、今回の調査のひとつの大きな収穫であった。具体的には、シーメンスは設備保全プラットフォーム戦略を、ヴェオリアは地域資源循環ソリューション戦略を開発し、それぞれデジタル技術の力を活用しながら推進している。今回の調査結果からは、B2CよりはB2Bを中心とし、ビジネスモデルの開発とデジタル技術に優位性を持つ企業が、CEのビジネス化に成功しているように見受けられた。さらに、これらの企業では、経営層から現場まで首尾一貫した適切なマネジメント体制を敷いている（第2章4参照）。ここは日本企業も見習わなければならない点だろう。

人類の持続可能性を考えた場合、遅かれ早かれCEが呈示するような社会に移行することは不可避だ。欧州に留まらず、この考え方がグローバルスタンダード化し、中国をはじめとしたアジア諸国においても、CE政策が急速に実装された場合に対して、リスクの高いシナリオとして、日本の製造業もいま備えるべきであると考える。

確かに、一連のCE政策が失敗に終わる可能性もある。本当に雇用確保につながるのか（労働単価の低下を招くのではないか）、CE型のビジネスが市場競争力を高めるということは、市場に対して現在のかたちを大きく変形させることを意味するので、そこまでCE政策を実効性のあるものに持っていけるのか、さらには、リユース、**リマニュファクチャリング**などの材料リサイクル以外の循環手段がB2C製品を含めて量的にマジョリティになれるのか、安定した循環システムを構築できるのか、などさまざまな疑問点を挙げることができるのも事実である。

しかし一方で、資源を中心とした持続可能性に関して、CEに匹敵するほどの首尾一貫して、体系的な代替案を人類が持ち合わせていないことも事実であり、CEが失敗した場合、人類の持続可能性が担保できないというデストピア・シナリオが浮かび上がる。また、2019年から2020

年にかけて発表された「欧州グリーンディール」、「欧州新産業戦略」、「Circular Economy Action Plan」を見る限り、EUはCEに向けた動きを加速しており、その実現に自信を深めていると思われる。したがって、日本企業はCE政策が欧州、アジアで展開された場合にも、競争力を維持向上させ、ビジネスで勝つための準備をしておくべきである、というのが本研究会の結論である。

最後に、本研究会の議論、欧州調査活動を通じて、今後起こりうる、現在起きつつある変化を以下にまとめる。

サーキュラーエコノミーで今後起こりうること

1　CEは、温暖化と並ぶ（もしくはそれ以上の）国際的なホットイシューとなっている

CEは、温暖化に並ぶ（もしくは、それ以上の）グローバルでのホットイシューであり、国際社会での注目度は高まる。CEの理念基づいた経済政策・産業政策が2019年G20でも取り上げられた。

2　ものづくりのありかたの変革を促し、雇用やサプライチェーンにも影響を与える

欧州を中心に、当面（3〜5年）はCE政策に基づき、ものづくりのやりかたを変えていく政策が展開され、新たなルールや規制が生み出されつつある。雇用やサプライチェーンにも影響を与える。

3　規制化・標準化が進み、新たなルールへの対応が必要となる

CE政策はテーマごとに色分け（優先順位・取り組み濃淡）され、政策側と企業等でスタンスが違い、一枚岩ではない。CE政策としての規制化、標準化はこれからであるが、新たなルール・規制に対して、欧州では企業側でも織り込み済みで準備が進んでいる。

4　製品を生み出すよりも価値を提供することに重きがおかれる

CE政策は、製品を生み出すよりも製品を活用して価値を提供することに重きがおかれる方向へ進んでいく。企業にとっては新たなチャンスとリスクが生まれる。

5　製品・部品の長寿命化の優先順位が高くなる

CE政策は製造業に製品や部品の使用段階でのマネジメントを従来以上に体系立てて実施し、ライフサイクルに亘るサービスを提供することを求めており、製品や部品の長寿命化がCEの優先順位の高い政策課題に挙がっている。先進的な企業においてはすでに実施されている。

6　ものづくりのみならずプラットフォームやソリューションビジネスへの対応が必要となる

欧州の先進的な企業はグローバル売切型ビジネスから、機能・サービス価値を提供するビジネスへ移行し始めており、ものづくりのみならずプラットフォームやソリューションビジネスにも乗り出している。製品開発において、ビジネスと環境を体系化し、CEという横串で全体構造を見せようとしている。

7　製品設計でのライフサイクル思考が強まる

欧州の製造業は、製品設計におけるライフサイクル思考を強め、商品への織り込み、検討を始め

ている。同時に、製品単体のみならず、全体システムのオペレーションをいかにとるかを念頭においている。

8　製造業者は販売後にも製品・部品へのコミットメントが必要となる

欧州の製造業は、ＣＥマネジメント国際標準化により、製造業者は販売後にも製品・部品へのコミットメントが必要となる。国際標準化への見方は冷静であるものの、先手を打つことがビジネスチャンスであるととらえ、組織で準備を始めている。今後起こりうることとして準備を進め、標準化されることは政策として当たり前であるとの考えかたを持っている。

9　再生材の利活用が進み、新材との区別が弱まる

欧州の政策でプラスチックの生産量、使用量の削減が明確に掲げられている。欧州の製造業はさらになんらかのかたちで、規制・数値目標が入ってくることを予想し、それに向けた準備を始めている。いま以上のリサイクル材の使用や原材料のケミカルリサイクルが期待され、再生材メーカーはリサイクルを〝プロダクション〟と位置づけて、一次材料生産との融合を図っている。一方で、バイオプラスチックの優先順位は低い。

10　ステークホルダーとのコミュニケーションが強化され、ＣＥ型ビジネスモデルに向けた意識変革が重要となる

持続可能な社会形成に向けた具体的な変革の中で、欧州委員会においても、欧州企業においてもステークホルダー（顧客、株主、社内関係部署、サプライヤー等）へのコミュニケーション、相互理解の強化を通じた、ＣＥ型ビジネスモデルに向けた「意識変革」の重要性が指摘されている。

11　中国をはじめとするアジア地域でＣＥがグローバルスタンダード化される可能性がある

日本企業においては欧州動向に加え、中国をはじめとしたアジア地域の動きに注目する必要がある。中国はＣＥに対して積極的な傾向があり、この地域においてもＣＥがグローバルスタンダード化する可能性がある。さらには、これと相俟って、上下水道、廃棄物処理などが地域循環ソリューションとなり、特定のＣＥ主導企業に寡占化される危険性がある。

なお、本書の作成にあたり、日本経済団体連合会21世紀政策研究所、ならびに、酒井ゆう子氏、ライターの金重宏一氏に大変お世話になった。この方々なしでは、本書の出版は実現できなかった。ここに深く感謝する。

用語解説

（ABC順、五十音順）

AFNOR（Association Française de Normalization）

フランス規格協会。1926年に設立されたフランスを代表する標準化機関で、同国の国家規格も制定している。フランスの標準化の全国組織およびその国際標準化機構のメンバー団体で、国際標準化活動、情報提供、認証、およびトレーニングの開発を行っている。

CEN-CENELEC

CENとCENELECはいずれも欧州の標準化団体。CENはComité Européen de Normalisationの略で欧州標準化委員会を表す。CENELECはComité Européen de Normalisation Electrotechniqueの略で欧州電気標準化委員会を表し、電気電子技術分野の欧州における標準規格を策定する。CENは電気関係（CENELEC）と通信関係（ETSI（European Telecommunications Standards Institute）：欧州電気通信標準化機構）以外の分野における公式な標準化組織として認識されている。

EcoDesign Working Plan 2016-2019

欧州委員会が2016年に発表したエコデザインのワーキングプラン。2005年エコデザイン指令から始まり、その後の2009～2011年と2012～2014年の同プランに継続されたエネルギー効率活動に関して、委員会が今後優先すべき最優先活動の概要を盛り込んだもの。2016～2019年プランでは、改めて、循環経済の観点をエコデザイン指令の改正に盛り込むことが明らかにされた。具体的には、耐久性、修理可能性、アップグレード可能性、分解のためのデザイン、情報（例：プラスチック部品の場所等）開示、再使用・リサイクルの容易性など。また、各種製品の基準の改正と並行して、特に携帯電話（スマートフォン含む）などのＩＣＴ製品の循環経済関連の課題と検討する取り組みを始めようという提案もなされた。

ＥＬＶ指令

自動車廃棄物の削減とこれらが環境へ与える影響を軽減するために、ＲｏＨＳ指令が発効する前の２０００年5月に成立、同年10月に制定されたＥＵの法律。自動車からの廃棄物発生抑制と、使用済み自動車およびその部品の再利用、リサイクルによる廃棄物削減促進を目的とする。加盟国には、２００３年7月以降、自動車の材料および部品には、鉛、水銀、カドミウム、六価クロムが含まれないことが義務づけられた。

ＥＴＳＩ

European Telecommunications Standards Institute の略で欧州電気通信標準化機構の意（前記：ＣＥＮ－ＣＥＮＥＬＥＣでも言及）。複数の国々が隣接するＥＵで普及したデジタル携帯電話システムや、日本でも市町村デジタル移動通信として取り入れられた公共保安用デジタル移動通信システムの標準化が知られている。

Industry 4.0

第四次産業革命ともいわれるもので、製造業における昨今のＩｏＴやクラウドコンピューティング、ビッグデータ、ＡＩ、産業用ロボットなどの統合的な技術をいう。もともとドイツ政府が同国内の産官学連携体制を整備・主導し、進めている国家プロジェクトであったが、IoTの進展とともに日本でも注目を集めるようになった。ちなみに第一次産業革命は「水蒸気革命」、第二次は「電気革命」、第三次は「コンピューター革命」とされている。

ISO／TC323

2018年の秋に国際標準化機構（ISO）に設立された、CEのISO化に向けた専門委員会。「CE実現に向けてどのような行動をとっているか」など、事業者を評価する環境整備を進めている。ちなみに2018年、日本からはISOに「シェアリングエコノミーの国際標準化」を推進する提案をしており、2019年1月「ISO／TC324」が設置された。幹事国は提案した日本国となっている。

ISO14001

環境マネジメントシステムに関する国際規格。社会経済的ニーズとバランスをとりながら、環境を保護し、変化する環境状態に対応するための組織の枠組みを示している。要求事項として、環境パフォーマンスの向上、順守義務を満たすこと、環境目標の達成の3点を実現する規定を定めている。

ISO20400

2017年に発行された、持続可能な「調達」のための世界初の国際規格で、組織が持続可能な購買実務および政策を策定し、実行することの支援を目的としている。持続可能性を組織の調達戦略と事業プロセスに統合するためのガイドラインを提供し、説明責任、透明性、人権尊重、倫理的行動などの持続可能な調達の原則を定めている。

ＩＳＯ５００１

組織のエネルギーパフォーマンスを可視化し、その改善によりコスト削減を実現するための国際規格。あらゆる組織がエネルギーを管理し、エネルギーパフォーマンスを継続的に改善することを目的としている。ＥｎＭＳ（エネルギーマネジメントシステム）によりエネルギー使用および効率を可視化し、業務や組織体質の改革などを通して、省エネルギー、エネルギーコスト削減を目指すもの。

ＩＳＯ９００１

品質マネジメントシステムに関する国際規格。要求事項として一貫した製品・サービスの提供、顧客満足の向上を規定している。最も普及しているマネジメントシステム規格であり、全世界で１７０カ国以上、１００万以上の組織が利用している。

ＫＰＩ

Key Performance Indicatorの略で「重要業績評価指標」という意味。目標を達成するうえで、その達成度合いを計測・監視するための定量的な指標をいう。経営にはさまざまな種類の業績評価指標が使われるが、ＫＰＩはその中でも「Key（重要）」となる指標で、目標の達成に向かってプロセスが適切に実行されているかどうかを計測するのに用いられる。

LaaS

Lighting as a Service の略で、主に法人顧客に向けて照明インフラの運用を請け負うサービスをいう。顧客が照明に求める性能を保証しつつ、照明のために消費している電力量を削減する仕組みを提供する。そして、削減できた電力料金の額に応じて報酬を得るというビジネスモデルになっているのが典型的なパターンである。オランダのフィリップスなどが、同サービスを展開中。顧客は、照明器具や制御装置といった資産を保有する必要がなくなるうえに、照明にかかる電力料金を削減できる。

PaaS

Platform as a Service の略で、アプリケーションを実行する「プラットフォーム」をインターネットを介して提供するサービスのこと。PaaSを利用すれば、アプリケーションの開発の前段階におけるプラットフォーム環境開発を大幅に省略することできる。また、アプリケーション開発後のメンテナンスにかかるコストが削減できる。PaaSは、Product as a service の略としても使われる。これは製品のサービス化を意味し、メーカーが製品を所有したまま、顧客・消費者に対し、それを利用するサービスを提供するもの。例えばリースがそれにあたる。例えばコピー機などは機械はリースで、利用した分だけカウンター料を払うビジネスモデルになっている。

PDCAサイクル

Plan（計画）・Do（実行）・Check（評価）・Action（改善）を繰り返すことによって、生産管理や品質管理などの管理業務を継続的に改善していく手法をいう。P：従来の実績や将来の予測などをもとにして業務計画を作成する➡D：計画に沿って業務を行う➡C：業務の実施が計画に沿っているかどうかを評価する➡A：実施が計画に沿っていない部分を調べて改善をする。この4段階が1周したら、再びPDCAサイクルを適用し、各段階でレベルをスパイラルアップ（向上）させ、継続的に業務を改善していく経営改善手法。

RoHS指令

電気・電子機器（EEE）などでの特定有害物資（カドミウム、鉛、水銀、六価クロム、特定の臭素系難燃剤など）の使用制限に関するEUの法律。2003年2月に最初の指令（通称RoHS1）が制定され、2006年7月に施行された。続いて2011年7月に改正指令（通称RoHS2）が施行されている。RoHS（ローズ）とは、Restriction of Hazardous Substancesの頭文字をとったもので、日本語では「有害物質使用制限指令」とも呼ばれる。

SDGs

Sustainable Development Goalsの略で「持続可能な開発目標」と訳される。2001年に策定されたミレニアム開発目標（MDGs）の後継として、2015年9月の国連サミットで採択されたもので「持続可能な開発のための2030アジェンダ」にて記載された。2030年までに持続可能でよりよい世界を目指す国際目標で、17のゴール・169のターゲットから構成され、地球上の「誰一人取り残さない(leave no one behind)」ことを誓っている。発展途上国のみならず、先進国自身が取り組む普遍的な国際目標として、注目されている。

TC

Technical Committee の略で、日本工業標準調査会では「専門委員会」の訳を用いている。ISOは主要な産業分野の標準化を専門委員会の下で行っている。CEに関しては、2018年秋に専門委員会＝ISO／TC323が設置された（ISO／TC323参照）。

WEEE指令

電気・電子機器廃棄物に関するEUの法律で、2003年2月にRoHS指令とともに公布・施行された。電気・電子機器を再利用またはリサイクルし、電気・電子機器廃棄物を削減することを目的としている。リサイクルコストはメーカーが負担し、製品価格に転嫁することを基本としている。WEEEとは、Waste of Electrical and Electronic Equipment の頭文字をとったもので、2017年7月に改正されている。

エコデザイン指令

2009年に公布されたエネルギー関連製品指令（ErP指令（Energy-related Products））。エネルギーを使用するすべての製品に対して、エコデザイン要求を設定する枠組みとなる指令で、適合製品は「CEマーク」を受ける。製品の設計、製造、梱包、輸送、使用から廃棄にいたるまで、ライフサイクル全体を通して資源消費量や汚染物質排出量削減を目的としている。

エレン・マッカーサー財団

サーキュラーエコノミーの枠組みを通じて、前向きな未来を再考、再設計、構築する世代を支援することを目的とした英国の登録財団。CEを推進する欧州の中心的な存在で、2010年9月に設立された。2013年2月にはサーキュラー・エコノミー100（CE100）という世界で最初のCEイノベーションプログラムを立ち上げた。グローバル企業、国・地方政府などが加盟。アップル、マイクロソフト、コカ・コーラ・カンパニー、P&G、ユニリーバ、ミシュラン、イケア、ヴェオリアなどが含まれる。日本企業では2018年4月に日本初でブリヂストンが、2019年3月には三菱ケミカルホールディングスが加盟。

拡大生産者責任（extended producer responsibility, EPR）

OECD（経済協力開発機構）が提唱した、生産者が製品の生産・使用段階だけでなく、廃棄・リサイクル段階まで責任を負うという考え方。具体的には、生産者が使用済み製品を回収、リサイクルまたは適切に廃棄する責任を負うというもの。処理にかかる社会的費用を低減させるとともに、生産者が使用済み製品の処理にかかる費用を下げようとすることがインセンティブとなって、結果的に環境的側面を配慮した製品の設計に移行することを狙っている。循環型社会形成推進基本法にもこの考え方が取り入れられている。

デジュールスタンダード

公的な標準化組織によって開発されたスタンダードであって、国が法基準を適用するときその技術的根拠を示すために採用できる。国際的な公的標準化組織（国際標準化機関）としてＩＥＣ（国際電気標準会議）、ＩＳＯ（国際標準化機構）、ＩＴＵ（国際電気通信連合）の３機関がある。

マインドスフィア

シーメンスが提供する、クラウドベースの世界最大級の産業用ＩｏＴプラットフォーム。オープンなＰａａＳ機能により、産業用アプリケーションを開発・配布することが可能になっている。多様なデバイスおよび企業システムの接続、高度な分析能力を有する。２０１６年にサービスを開始している。

リファービッシュ

初期不良品や中古機器などを整備し、新品に準じる状態に仕上げること。または、そのような状態に仕上げられたもの。語源は「磨き直す、一新する」という意味の「refurbish」。「メーカー再生品」や「修理再生品」「わけあり商品」などの名前で販売されることもある。

リマニュファクチャリング

メーカーなどが使用済み製品、部品を回収した後、分解、洗浄、部品交換などを経て、新品同様の製品、部品として販売すること。事業によっては、製品の一部を交換して製品をつくりなおす場合もあれば、廃棄製品の使用できる部分だけを新たな製品の中に組み込むことも、これにあたる。

執筆者紹介（* 編著者、執筆順）

梅田　靖（うめだ・やすし）*
21 世紀政策研究所研究主幹
東京大学大学院工学系研究科人工物工学研究センター　教授
平成 4 年 3 月　東京大学大学院工学系研究科精密機械工学専攻博士課程　修了。博士（工学）。平成 4 年 4 月より東京大学工学部助手、講師を経て、平成 11 年 4 月より東京都立大学大学院工学研究科機械工学専攻　助教授、平成 17 月 2 月より大阪大学大学院工学研究科機械工学専攻　教授。平成 26 年 1 月より東京大学大学院工学系研究科精密工学専攻　教授、平成 31 年 4 月より現職。

喜多川　和典（きたがわ・かずのり）
21 世紀政策研究所研究委員
公益財団法人日本生産性本部　エコ・マネジメントセンター長
芝浦工業大学工学部卒。社会調査研究所を経て、1999 年社会経済生産性本部（現 公益財団法人日本生産性本部）入所。シニア・コンサルタントとして大手及び中堅企業の環境コンサルティング、リサーチに当たるほか、環境分野における政府機関からの委託調査研究を多数受託。環境政策及び環境ビジネスのコンサルタントとして 20 年超のキャリア。上智大学非常勤講師、経済産業省循環経済ビジョン研究会委員
主な著書に、『中小企業のための環境会計』（中小企業基盤整備機構、2006 年）、『材料の再資源化技術辞典』（産業技術サービスセンター、2017 年、共著）など多数。

廣瀬　弥生（ひろせ・やよい）
21 世紀政策研究所研究委員
東洋大学情報連携学部教授
民間研究所にて情報通信システムに関するコンサルティングプロジェクトの企画・運営を実施。その後、東京大学特任助（准）教授として、産学連携プロジェクトの管理運営、地域産業政策プロジェクト等を通じて、政策提言を続ける。現在は、デジタル技術の社会実装プロジェクトマネジメントという実践と、ビジネス戦略に関する学術研究を両立し、国内企業におけるデジタル変革プロジェクトにも参加。復興庁上席政策調査官、総務省情報通信審議会委員などを歴任。
専門は実証に基づく専門ナレッジ移転・マネジメント、デジタルビジネス戦略、国際標準化戦略、社会産学連携政策、地域政策研究。一橋大学経済学修士。米国マサチューセッツ工科大学都市計画修士、英国ヘンリービジネススクール経営学博士。

赤穂　啓子（あかほ・けいこ）
21世紀政策研究所研究委員
経済ジャーナリスト
1986年、日刊工業新聞社入社。京都支局、大阪支社編集局、本社編集局（情報通信、経済産業省、財界担当など）、神戸支局長を経て、2011年4月より編集局第一産業部長、2014年ニュースセンター長、2016年大阪支社編集局長、2019年論説委員会副委員長、2023年から現職。
経済産業省産業構造審議会産業技術環境分科会廃棄物・リサイクル小委員会自動車リサイクルWG委員。

サーキュラーエコノミー
循環経済がビジネスを変える

2021年 1月25日　第1版第1刷発行
2023年12月20日　第1版第5刷発行

編著者　梅《うめ》 田《だ》　靖《やすし》
21世紀政策研究所

発行者　井 村 寿 人

発行所　株式会社　勁《けい》 草《そう》 書 房

112-0005 東京都文京区水道2-1-1　振替　00150-2-175253
（編集）電話 03-3815-5277／FAX 03-3814-6968
（営業）電話 03-3814-6861／FAX 03-3814-6854
本文組版 プログレス・平文社・中永製本

ISBN978-4-326-55085-2　Printed in Japan

＊落丁本・乱丁本はお取替いたします。
ご感想・お問い合わせは小社ホームページから
お願いいたします。

https://www.keisoshobo.co.jp

川島　真・21 世紀政策研究所 編著

習近平政権の国内統治と世界戦略　　A5 判　3,850 円

コロナ禍で立ち現れた中国を見る　　50495-4

川島　真・21 世紀政策研究所 編著

現代中国を読み解く三要素　　A5 判　3,520 円

経済・テクノロジー・国際関係　　50471-8

吉永明弘・福永真弓 編著

未来の環境倫理学　　A5 判　2,750 円

60305-3

吉永明弘

ブックガイド 環境倫理　　A5 判　2,420 円

基本書から専門書まで　　60300-8

吉永明弘

都市の環境倫理　　A5 判　2,420 円

持続可能性、都市における自然、アメニティ　　60260-5